华为公司质量工程系列

The Way of Huawei's
High-Quality Innovation
TRIZ Practical Manual

华为高质量创新之道

TRIZ实战手册

徐臻 ◎著

华为首席TRIZ专家　国际TRIZ学会Fellow

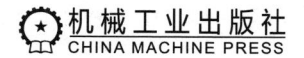

机械工业出版社
CHINA MACHINE PRESS

本书遵从国际 TRIZ 学会（International TRIZ Society，ITRIZS）的 TRIZ 一级培训框架编写而成，可以作为 ITRIZS 一级认证的学习参考书。本书既对 TRIZ 进行了系统阐述，还结合了华为特色的 TRIZ 实践，即创意心法和 TRIZ 在软件领域的应用。本书包括 11 章，分别是创意心法、最终理想解、穷根究底、善用资源、九宫格、发明原则、矛盾理论、功能模型图、TRIZ 解题步骤 ARIZ-2017C、软件领域 TRIZ 实践、TRIZ 数字化，从概念、原则、步骤、实践等角度系统阐述了 TRIZ。希望通过本书的出版，带动更多的人来学习、应用 TRIZ 方法，实现有效创新。

图书在版编目（CIP）数据

华为高质量创新之道：TRIZ 实战手册 / 徐臻著.
北京：机械工业出版社，2024.10. -- ISBN 978-7-111-76900-2

I. F273.1

中国国家版本馆 CIP 数据核字第 2024DZ7749 号

机械工业出版社（北京市百万庄大街 22 号　邮政编码 100037）
策划编辑：孟宪勐　　　　　　　　　责任编辑：孟宪勐　高珊珊
责任校对：李可意　王小童　景　飞　责任印制：单爱军
保定市中画美凯印刷有限公司印刷
2025 年 6 月第 1 版第 1 次印刷
170mm×230mm・16.25 印张・2 插页・190 千字
标准书号：ISBN 978-7-111-76900-2
定价：79.00 元

电话服务　　　　　　　　　网络服务
客服电话：010-88361066　　机　工　官　网：www.cmpbook.com
　　　　　010-88379833　　机　工　官　博：weibo.com/cmp1952
　　　　　010-68326294　　金　书　网：www.golden-book.com
封底无防伪标均为盗版　　　机工教育服务网：www.cmpedu.com

学习TRIZ方法（苏联阿奇舒勒为首的专家，从250万个专利中提炼出来的共性方法），要从世界的理论突破和技术创新中识别可以解决实际问题的技术，并把它工程化，在这一过程中积累的创新要进行专利保护，同时也要学习其他公司和研究机构的技术创新。

——《励精图治，发奋图强，努力划出漩涡区》，
任正非在2022年华为公司年度工作会议上的讲话

推荐序一

华为公司把高质量作为公司战略，坚持以质取胜。在过去的几年中，我们在先进要素获取上受到了极大限制，这给全公司带来了巨大的挑战。在先进要素受限情况下，唯有靠质量取胜，唯一的生存基础是质量。任总提出要从系统工程来看各个产品的质量，研发工程实践要追求真正不坏，质量要走向技术前沿阵地和开拓质量技术路线。

质量体系不放松对高质量的追求，成立质量工程专家委员会，大力发展质量工程方法（TRIZ、FMEA、六西格玛等），紧贴业务痛点开展难题作战，在器件替代、硬件创新、系统可靠性、体验提升、供应商质量发展等多种业务场景中解决短板问题，为华为守住质量、守住客户信心做出了积极贡献。

TRIZ是解决技术创新难题的质量工程方法。徐臻在华为公司耕耘TRIZ多年，解决了不少技术创新难题，获得了业务的认可。现在，华为不仅有硬件的TRIZ，还有软件的TRIZ、服务的TRIZ、制造的TRIZ、采购的TRIZ等，公司各产业和职能部门都已经在应用TRIZ方法解决技术创新难题。我鼓励他写这本书，把华为的TRIZ经验总结下来。

面向未来，我们更关注如何把业务变成数据，把经验变成模型、变成算法。我们探索将华为公司过去二三十年积累的经验和产品设计的科学变成一系列的数据和模型，帮助华为在受限环境下更快地演进、迭代和进步。这是一种重要的新型生产力，可以帮助公司成倍提升进化速度。

这本书是华为质量工程系列丛书之一。希望每个人都能在书中找到自己想要的东西，相互启发，共同进步。

周智勇

华为公司质量部部长

2024年12月

推荐序二

我是在2013年与本书作者徐臻先生第一次见面的；从那时起，超过十年的时间里，我和徐先生持续合作TRIZ（发明问题解决理论）的理论研究与应用，并取得了不俗的成绩。在这段时间里，我见证了徐臻在TRIZ领域的不懈努力和卓越成就。特别值得一提的是，他在华为公司内建立了TRIZ协会，致力于协助研发人员解决各种技术难题，他那种坚持不懈的精神让我深感佩服。

在2015年至2018年间，在我的推荐下，徐臻多次前往美国底特律，向我的两位TRIZ老师也是国际TRIZ学会（ITRIZS）的创始人鲍里斯·斯洛提和阿拉·祖斯曼学习（他们两位是TRIZ发明者阿奇舒勒的嫡传弟子）。这段学习经历使徐臻能够将TRIZ方法更加系统和全面地应用于实际工作。

除了在华为公司内部推广TRIZ方法，徐臻还为业界贡献了许多优秀的TRIZ实践。2018年，他在"清华创新论坛"上分享了"TRIZ方法应用在软件领域创新的探索"。他开发的网课"如何用方法来实现创新：华为TRIZ实践"多次在国务院国资委"国资e学"学习平台上架，并得到好评。他的音频课"创新思维课：发明问题解决理论TRIZ"在时习知app和华为商城上架，获得了用户的好评。鉴于他在TRIZ领域的专业水平和影响力，2024年他被华为公司任命为华为首席TRIZ专家。

徐臻的努力和贡献也得到了国际TRIZ学会的认可，2018年国际TRIZ学会授予华为公司"TRIZ软件领域杰出贡献奖"，并正式授权华为公司为国际TRIZ学会一、二级培训和认证企业。在2019年国际TRIZ学会也授予徐臻TRIZ Fellow的荣誉聘书，表彰他对国际TRIZ学会与TRIZ理论研究和实践的卓越贡献。我作为他多年的好友深感与有荣焉。

徐臻的杰出成就不仅体现了他在TRIZ理论和实践上的深厚功底，更展示了他对创新的执着追求和对技术的无限热情。他的这本书，汇集了他多年来的研究成果和实践经验，相信会为广大读者提供宝贵的参考和启示。

让我们一起走进徐臻的TRIZ世界，感受他的创新智慧，共同探索发明问题解决理论的奥秘。

姜台林 博士

国际TRIZ学会（ITRIZS）副主席/TRIZ Master

国际DT学会（ISDT）联合创始人兼副主席/DT Master

法思诺创新咨询（北京）首席创新顾问

目 录

推荐序一
推荐序二

第1章 创意心法 /1
　　思考的本质 /7
　　思维惯性和心理惯性 /11
　　什么是创意心法 /13

第2章 最终理想解 /22
　　理想性思维 /23
　　最终理想解的步骤 /24
　　最终理想解的步骤详解 /29

第3章 穷根究底 /47
　　穷根究底是人类的本能 /48

微生物致病的寻因之路　/51

根因分析常用的方法和工具　/66

第 4 章　善用资源　/74

一切都是资源　/75

资源分析　/76

资源分析案例　/86

第 5 章　九宫格　/88

九宫格是什么　/90

系统思维　/92

超系统思维　/93

子系统思维　/98

九宫格的运用　/102

九宫格案例　/105

第 6 章　发明原则　/109

原则 1：分割　/114

原则 2：抽取 / 分离　/115

原则 3：局部特性 / 品质　/115

原则 4：非对称　/115

原则 5：结合 / 合并　/116

原则 6：万用性　/116

原则 7：套叠　/116

原则 8：平衡力　/117

原则 9：预先反作用　/117

原则 10：预先动作　/118

原则 11：预先缓和　/118

原则 12：等位性　/118

原则 13：倒转/反向　/119

原则 14：球面化/曲面化　/119

原则 15：动态　/120

原则 16：局部或过度的动作　/120

原则 17：改变到新的维度　/121

原则 18：机械振动　/121

原则 19：周期性动作　/122

原则 20：有效动作的持续　/122

原则 21：快速通过　/123

原则 22：转有害为有益　/123

原则 23：回馈　/123

原则 24：中介物　/124

原则 25：自助　/124

原则 26：复制　/124

原则 27：取代以便宜寿命短的对象　/125

原则 28：更换机械系统　/125

原则 29：气压或液压　/125

原则 30：弹性膜或薄膜　/126

原则 31：多孔材料　/126

原则 32：改变颜色　/127

原则 33：同质性　/127

原则 34：抛弃和再生　/128

原则 35：变化物理或化学状态　/128

原则 36：相变　/129

原则 37：热膨胀　/129

原则 38：强氧化剂　/130

原则 39：惰性环境　/130

原则 40：复合材料　/131

第 7 章　矛盾理论　/132

技术矛盾　/133

物理矛盾　/142

技术矛盾和物理矛盾的转化　/151

第 8 章　功能模型图　/154

创新的语言　/155

问题建模　/157

功能模型图是什么　/158

创新方向　/182

应用 IWB 软件解决问题　/183

第 9 章　TRIZ 解题步骤 ARIZ-2017C　/194

阶段一：问题调研　/197

阶段二：问题建模　/212

阶段三：创意发想　/212

阶段四：评估与实现　/213

第 10 章　软件领域 TRIZ 实践　/222

软、硬件通用的解题步骤　/223

软、硬件通用的 TRIZ 工具　/224

　　　24×24 软件矛盾矩阵　/229

第 11 章　TRIZ 数字化　/233

致谢　/242

参考文献　/244

第 1 章

创意心法

300多年前，牛顿因为疫情被迫回家，才有了那个神奇的苹果的故事。话说有一天，牛顿坐在苹果树下，陷入了沉思（见图1-1）。他当时的研究主题是天体的运行规律。观测结果表明，包括地球在内的六颗行星（当时只发现了六颗）是围绕着太阳在转动的。这是为什么呢？在他的脑海里一直显现着这样一个模型：六颗行星绕着太阳转圈圈。想着想着，一只苹果从树上掉下来，正巧砸到他头上。疼痛之余，在牛顿脑海里的模型中瞬间出现了一只苹果。除了太阳和六颗行星，还有一只苹果。更重要的是，这只苹果没有一起绕着太阳转圈圈，它在往地球跑——砸在牛顿头上了！为什么苹果会往地球跑？它没有和行星一起转圈圈，也没有往太阳方向跑，而是往地球方向跑。噢，因为地球对苹果有一个吸引力，也就是我们平时所说的重力。这时，一个新的问题出现了：假如月亮是一个大苹果，为什么它不会掉下来呢？不仅如此，因为月亮在绕着地球转，如果按照地面物体的运动规律来解释月亮的运动，那

图 1-1　苹果砸牛顿

么还需要给月亮施加一个向心力，否则月亮会沿着切线飞出去。显然，月亮既没有因为重力而掉下来，也没有因为绕着地球转而从切线飞出去，所以这个向心力正好等于地球对它的引力——重力。想到这里，牛顿腾地站起来，赶紧回去记录这个重大发现。

虽然这个故事是虚构的，但是至少让苹果砸牛顿的故事更贴近现实。1687年，牛顿出版了《自然哲学的数学原理》。在书中，他就提到了月亮像苹果一样掉落的假设。图1-2展示了书中的原文及翻译，牛顿假想的山顶上的"小月球"就是那个苹果。

PROPOSITION Ⅲ. THEOREM Ⅲ.

That the force by which the moon is retained in its orbit tends to the earth; and is reciprocally as the square of the distance of its place from the earth's centre.

命题3　定理3

把月球限制在适当的轨道上的作用力是指向地球的，该作用力反比于月球到地球中心的距离的平方。

PROPOSITION Ⅳ. THEOREM Ⅳ.

That the moon gravitates towards the earth, and by the force of gravity is continually drawn off from a rectilinear motion, and retained in its orbit.

命题4　定理4

月球受地球引力吸引，且该引力不断把月球从直线运动中拉回来，并限制在轨道上。

SCHOLIUM.

The demonstration of this Proposition may be more diffusely explained after the following manner. Suppose several moons to revolve about the earth, as in the system of Jupiter or Saturn; the periodic times of these moons (by the argument of induction) would observe the same law which *Kepler* found to obtain among the planets; and therefore their centripetal forces would be reciprocally as the squares of the distances from the centre of the earth, by Prop. I, of this Book. Now if the lowest of these were very small, and were so near the earth as almost to touch the tops of the highest mountains, the centripetal force thereof, retaining it in its orb, would be very nearly equal to the weights of any *terrestrial* bodies that should be found upon the tops of those mountains, as may be known by the foregoing computation. Therefore if the same little moon should be deserted by its centrifugal force that carries it through its orb, and so he lisabled from going onward therein, it would descend to the earth; and that with the same velocity as heavy bodies do actually fall with upon the tops of those

图1-2　《自然哲学的数学原理》原文摘录及翻译1

> very mountains ; because of the equality of the forces that oblige them both to descend. And if the force by which that lowest moon would descend were different from gravity, and if that moon were to gravitate towards the earth, as we find terrestrial bodies do upon the tops of mountains, it would then descend with twice the velocity, as being impelled by both these forces conspiring together.Therefore since both these forces, that is, the gravity of heavy bodies, and the centripetal forces of the moons, respect the centre of the earth, and are similar and equal between themselves, they will (by Rule Ⅰ and Ⅱ) have one and the same cause. And therefore the force which retains the moon in its orbit is that very force which we commonly call gravity ; because otherwise this little moon at the top of a mountain must either be without gravity, or fall twice as swiftly as heavy bodies are wont to do.
>
> **附注**
> 这个命题的证明还可以用以下方式更详细地阐述。就像木星和土星都有很多卫星绕其旋转一样，假设有好几个月球绕地球运转；这些月球的周期时间将遵循开普勒所发现的行星之间的运行规律；所以由本书命题1，它们的向心力将会反比于到地球中心的距离的平方。如果它们中位置最低的那个重量非常小，且十分接近地球，就快挨着地球上最高山峰的山顶了，由先前计算可得知把其限制在其轨道上的向心力几乎等于任何放在那山峰上的物体的重量，如果同样的小月球失去了维系其在轨道上的向心力，而不能继续在轨道上前进，它将会落向地球，且落下的速度跟在那山顶落下的重物的速度一样，因为它们受同样的力下落。如果使那位置最低的月球下落的力与重力不同，又如果该月球像在山顶的重物一样落向地球，那么因为受到两个力的共同作用，它将以两倍的速度下落。因为这两个力，即重物的重力和月球的向心力，都指向地球中心，且相互之间相似、相等，它们（由规则1和规则2）只有一个相同的原因。这样把月球维系在其轨道上的力就是我们通常说的重力；否则那个在山顶上的小月球必须要么没有重力，要么以重物下落两倍的速度下落。

图 1-2 （续）

牛顿的伟大之处就在于把控制天体运行的力和控制地面物体运动的力统一成了一种力。这个苹果就是促成天体运行的力和地面物体运动的力合二为一的一个触发因素，是创意的来源。故事里，牛顿原来思考的焦点是太阳和行星之间的力。当苹果出现时，这个外来因素导致他的思考焦点转移到了苹果上，进而引发关于苹果（地面物体）运动的思考。也就是说，当我们聚焦一个问题在思考时，外来的输入会改变我们思考的方向，也就创造了产生新点子的可能。因为苹果的触发，牛顿最终得到了万有引力公式。在书中，他是这样分开描述的，如图1-3所示。

> **PROPOSITION Ⅶ. THEOREM Ⅶ.**
> That there is a power of gravity tending to all bodies, proportional to the several quantities of matter which they contain.
>
> **命题 7　定理 7**
> 一切物体都会受一种引力的吸引，该引力正比于物体各自所含的物质的量。
>
> **PROPOSITION Ⅷ．THEOREM Ⅷ.**
> In two spheres mutually gravitating each towards the other, if the matter in places on all sides round about and equi-distant from the centres is similar, the weight of either sphere towards the other will be reciprocally as the square of the distance between their centres.
>
> **命题 8　定理 8**
> 两个相互吸引的球体，如果球体内到球心距离相等处的物质是相似的，则其中一个球体的重量与另一个的重量之比反比于它们球心之间的距离的平方。

图 1-3　《自然哲学的数学原理》原文摘录及翻译 2

我们熟悉的万有引力公式如图 1-4 所示。

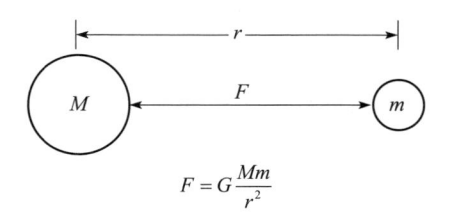

$$F = G\frac{Mm}{r^2}$$

图 1-4　万有引力公式

其实，类似苹果砸脑袋上这种灵光一现的例子在历史上比比皆是。相传叙拉古的赫农王叫工匠打造一顶纯金王冠，但是又怕金匠掺杂使假、中饱私囊。因此，等到王冠打造完成以后，国王想到的第一件事就是如何检验王冠的纯度，但又不能破坏王冠。这道难题最终交给阿基米德来解答。阿基米德刚开始也想不出什么好办法，但他没有放弃。有一天，当他躺进澡盆时，又开始思考金王冠是否掺假的问题。由于不同材质的密度不同，如果王冠被掺假，王冠的体积和同等重量的金块体积必然不同。可是王冠是不规则的，如何比较王冠和同等重量金块的体积呢？想着想着，他感觉有点累了，就把整个身体沉到水里，水溢了出去。当从水里起来时，阿基米德发现澡盆里的水面下降了。"这些溢出的水是我导致的。"他自言自语道。他又重复下沉了几次，发现只要每次沉的深度都一样，水就不再溢出。而每次多沉一点，就会多溢出一些水。"溢出的水量和身体沉入的体积是相同的！"假如把王冠和同等重量的金块分别放到满盆的水里，如果溢出的水量相同，就说明二者体积相同。他欣喜若狂地跳出澡盆，直奔王宫，边跑边喊："找到了！找到了！"阿基米德找到了什么？他找到的不仅仅是鉴定金王冠是否掺假的方法，还有浮力原理，即浸没在水中的物体受到一个向上的浮力，浮力的大小等于它所排开的水受到的重力。在这个故事里，澡盆中的水位就像砸牛顿的苹果，也是一个外来因素，改变了阿基米德思考的方向，触发了这个创意。

史蒂文·约翰逊在《伟大创意的诞生：创新自然史》中特别强调了外界环境对创意产生的作用。他的观点是把创意产生的过程比作完成一幅拼图。环境中首先要具备创意拼图需要的所有碎片。当最后一个碎片被插入，在某个人的大脑里形成拼图整体的那一刻，就是创意诞生的时刻。这种创意产生的时刻也被称为"啊哈"时刻，通常被认为是天才的想法，或者灵光一现，是可遇而不可求的。亚马逊创始人杰夫·贝佐斯曾说他能一个小时内想100个创意。这样的人一般会被认为是天生的创新者。事实上，根据当前的平均教育水平和互联网查阅信息的便利程度，通过适当的训练和引导，每个人都可以一小时内想100个创意。由苏联发明家根里奇·阿奇舒勒创立的发明问题解决理论（TRIZ）就是这样一种方法。几十年来，TRIZ方法中的跨领域借鉴、理想性思维、超系统思维、资源、矛盾、发明原则、功能模型图等思考方法已经被世界范围的大量实践证明为有效的创意之源。

思考的本质

大脑中的内容呈现为两部分：意识和潜意识。通俗地说，意识是"我知道自己在想什么"，而潜意识是"我自己都不知道自己在想什么"。你也许有过这种经历，明明知道前面走来的是自己认识的人，却想不起他的名字。尴尬地打过照面后，走出不远，对方的名字却突然闪现在脑海里。没想起来的时候，名字还在潜意识里；想起来的时候，名字就在意识里了。人类大脑皮层的神经元数量远远超越其他物种。人类因为拥有如此强大的硬件，才得以发展出高级智慧。前额叶皮质被称为"大脑中的大脑"，其功能就是计划和决策，即主动思考。考虑一下计划和决策能力对一个人的生存有多重要，你就能体会为什么额头是人体最坚硬的部位之一了。额头长得这么硬，其最初目的并不是让我们顶足球，而是保护人体最重要的器官。

我们都能感知到自己在思考的时候就像看电影，在想象的空间里一幕幕场景在脑海中掠过。《盗梦空间》这部电影里造梦师构建梦境的过程就和前额叶皮质思考的过程非常相似。前额叶皮质中思考的场景变化很快，意识都是短期记忆。英国心理学家艾伦·巴德利（Alan Baddeley）的大脑工作记忆模型中就包括了场景缓存（episodic buffer），用于缓存当前感官接收的信息和从长期记忆中调取的信息，以便大脑做出下一步行动计划。

在前额叶皮质的意识中，构建一幕场景的元素有两个来源，一是我们从外界环境中接收的输入信息，二是我们的记忆。人体通过感觉器官从外界环境接收输入信息，包括视觉系统、听觉系统、嗅觉系统、味觉系统和触觉系统，也就是《心经》里提到的"眼、耳、鼻、舌、身"。各种输入信息通过感觉器官翻译成电脉冲，进入神经网络；再经过各级神经元的传递，最终到达前额叶皮质，用于构建意识里的场景。场景里的元素会激活相关记忆并将其从潜意识调取到意识里（如前例中想起来名字就是调取成功了）。

前额叶皮质在构建思考的场景时，并不是像电影荧幕一样呈现画面的所有细节，而是像单反相机一样有一个清晰的焦点和模糊的背景。这个清晰的焦点就是思考的焦点。这个性质和人眼的视觉系统非常相似。视网膜最中间部分的神经元密度特别大，成像最清晰，所以在视觉系统里存在一个视觉焦点。落在视觉焦点里的物体特别清晰，而在焦点以外的物体则是模糊的。通过图1-5，我们来做一个简单的视觉焦点测试。

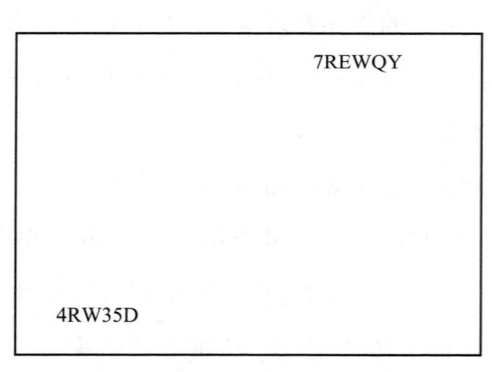

```
┌─────────────────────────────┐
│                     7REWQY  │
│                             │
│                             │
│                             │
│                             │
│  4RW35D                     │
└─────────────────────────────┘
```

图1-5　视觉焦点测试

在图1-5中，当你盯着左下角的字符串时，你能看清左下角的每一个字符，同时却看不清右上角的字符串内容。事实上，你只能知道右上角有一串字符。反之也是一样。我们人类如此依赖视觉系统，所以前额叶皮质构建的思考的场景也就类似于看到的景象，思考的焦点就类似于视觉焦点。视觉系统只有一个焦点，思考的场景也只有一个焦点。所谓"一心不能二用"，就是指同一时刻我们只有一个思考的焦点，这个焦点也被称为"注意力放在哪里"。美国心理学家纳尔逊·考恩（Nelson Cowan）就认为在工作记忆里有一个注意力的焦点（attentional spotlight）。艾伦·巴德利曾经亲身体验了只有一个思考焦点带来的副作用。有一次他在高速上一边开车一边收听加利福尼亚大学洛杉矶分校和斯坦福的球赛广播。在听球赛的同时，他的思考焦点落在了球赛的动态进展上，思考的场景是球场。此时，他突然发现自己的车子不由自主地偏离了车道。他赶紧把广播调到音乐频道，才避免出车祸。巴德利后来分析，因为自己是潜意识在开车，而且开车需要用到视觉空间记忆（双眼看到的路况是一个画面），同时意识里想象的球赛场景也需要用到视觉空间记忆（场景也是一个画面）。意识和潜意识抢占同一片视觉空间记忆资源，影响了潜意识的开车能力，车子就开偏了。可见，思考的焦点和视觉的焦点是不同的，二者并不一定指向同一个事物。实际上，思考的焦点所在的前额叶皮质位于额头部位，而视觉焦点所在的视皮层却位于靠近后脑勺的位置，二者一前一后，并不在一处，只有当我们专心致志地想着自己目光注视的物体时，二者才是重合的。

思考的焦点落在思考的场景里的哪个元素上，大脑就会把该元素相关的记忆从潜意识里调到前额叶皮质，我们就感觉想起了某些事情（意识到了）。这样做是有意义的，因为我们要对各种可能采取的行动及其后果进行预测，这样才能计划下一步的行动。而潜意识里积累的经验就是方便我们进行预测的宝贵资源。潜意识里的长期记忆在被思考焦点关注到的这一刻被调入意识，成为前额叶皮质中的短期记忆。

思考的焦点决定了思考的方向。焦点激活的记忆里不仅包含事物的属性（谁）、曾经发生的事件（做了什么），也包含了事件导致的结果（后果如何），甚至会激活当时的情绪（我的感觉），从而让我们得到可能的行动选项及其对应的结果。最终我们会从若干个行动选项中选择一个付诸实施。最终做选择的时候，情绪发挥了巨大的作用。用一句老话来形容情绪对决策的影响，就是"趋利避害"。

"趋利"指的是部分神经元组成的奖励系统通过释放奖励物质的方式驱动我们去做出能够获得奖励物质的行为。有一种称为多巴胺的神经传导物质就是奖励物质，是奖励系统的主宰，堪称人类的"欲望之源"，可以带给我们刺激和快感。只要思考焦点调出的记忆里有获得多巴胺的经历，大脑就会真的释放一点多巴胺，而这点多巴胺会进一步驱动奖励系统，让我们的决策倾向于获得更多多巴胺的行为。比如：吃颗糖，快乐一下；早上睡会儿懒觉，快乐一下；打把游戏，快乐一下；甚至一些上瘾行为都是由多巴胺驱动的。所以，这个"趋利"的"利"仅仅指的是多巴胺，并不一定真的给我们带来经济利益或其他收益。

"避害"则是去除恐惧。大脑的恐惧由杏仁核控制。当思考焦点调出的记忆激活了杏仁核，我们会感觉到恐惧，进而使决策倾向于去除恐惧。这个过程完全在潜意识里完成，我们甚至有时候会莫名其妙地感觉到害怕。

总之，思考的焦点除了让我们知道有哪些备选行动及对应的结果，还会激活我们的情绪记忆，通过"趋利避害"影响最终的决策。

思考的焦点受意识和潜意识的控制。因为焦点只有一个，所以同一时刻只有一方能拿到控制权。意识和潜意识就像理智与情感，二者无时无刻不在争夺对思考焦点的控制权。如果说意识是"我知道自己在想什么",人类的意识还有个特权叫"我爱想什么就想什么",指的就是意识拥有对思考焦点的优先控制权。也许就是因为这个特权,人类的创意才层出不穷,我们今天才能够拥有如此灿烂的文明。无论从何时开始,只要经过适当的训练,你就能具备期望的能力。

综上所述,意识的主动思考过程如下:先是根据外界环境的输入和内部的记忆构建一幕场景,然后在场景里面选取思考的焦点,根据焦点激活的记忆得到可能的行动选项,最后决策采纳某个行动并付诸实施,决策过程也受潜意识里情绪的影响。

思维惯性和心理惯性

为什么针对同一个问题,人跟人的观点会不一样?因为每个人的人生经验不同,神经网络接收的输入信息不同。针对同一个问题,两个人的大脑中调出的记忆不同,同时激活的神经元不一样,观点自然就不同。

换一个角度来看,我们在反复思考同一个问题的时候,场景都是固定的,总是用那几个思考的焦点,调出同样的记忆,被激活的总是那几个神经元,所以总是得到那几个点子,这就是通常所说的思维惯性。正如一句老话所说:"如果你一直重复过去做过的事情,那么你将只会获得已经拥有的东西。"思维惯性是大脑固有的性质,再聪明的人也免不了。

除了意识层面的思维惯性,还有更深层次的潜意识层面的心理惯性。对于神经网络,我们也可以认为它是一个因果网络。我们用这个因果网络来记录、分析外部信息,自然是符合因果的事情比较容易接受。

当这个因果网络已经建立了某些因果关系的时候，不符合已建立因果关系的事情就会被排斥。排斥在意识层面表现为认定该事情是错误的，在潜意识层面就反映在让人觉得难受的情绪上。同样地，每个人不同的人生经验决定了每个人相信的因果都有不同。我们常常在会议上据理力争，是因为自己相信的因果让我们认定了某些事情是错误的。

潜意识层面的心理惯性和杏仁核这个脑区密切相关。杏仁核位于大脑深处中间位置，左右半脑各一个，形状大小像杏仁。不仅人类大脑里有杏仁核，其他物种的脑子里也有。它是从早期物种的大脑（如爬行动物）延续到人类大脑的一个脑组织，一直担当着恐惧中心的作用。杏仁核在被激活后，会引发"战或逃"反应。拿鳄鱼举例，在遇到危险时，它首先会判断是否能战胜对手。如果它认为打得过，就会冲上去咬一口；如果它认为打不过，就会逃跑。因此，杏仁核也被称为爬行动物脑。杏仁核的作用就是 24 小时不间断地监控周遭的一切，识别可能存在的生存风险，并在识别到风险时激活身体做出"战或逃"反应。此时身体的反应包括心跳加快、血压升高、肌肉紧张、手心出汗，等等。杏仁核掌管着所有的恐惧记忆。只要发生了危险的场景，杏仁核就会瞬间形成长期记忆，而且一辈子忘不掉。杏仁核里的记忆物质特别丰富，"一朝被蛇咬，十年怕井绳"，就是杏仁核的作用。当然，前提是这个人真的被蛇咬过或者见过蛇咬人致死，这样会激活杏仁核，记住蛇的形状。当下次视野里出现弯弯曲曲的形状时，杏仁核匹配到危险信号，瞬间激活，让身体进入"战或逃"的状态，他会感觉被吓了一跳。

杏仁核在识别危险的时候主要是和恐惧记忆进行匹配。其中就有一类恐惧记忆叫"错误"，也就是做错事。我们都有做错事的经历，清楚地知道其后果是什么。有时是被人嘲笑，有时是损失钱财，有时是被惩罚，严重的甚至会丢失性命乃至祸害子孙。什么是"错误"？每个人都是根据自己坚信的因果来评判对错的。数学老师坚信"1+1=2"，回答"3"就是错误。德谟克利特坚信万物由永恒的原子构成，无中生有就是错误。我们坚信太阳从东边升起，所以用"今天太阳从西边出来了？"来代表不可能发生的事情。不符合自己的因果就是"错误"。只要杏仁核识别到"错误"，就会激活"战或逃"反应，使我们心跳加快、血压升高，从潜意识里阻止我们犯"错误"。还记得"趋利避害"吗？这也是"避害"的一种。我们通常认为青少年比成人更有创意，这是因为成人积累的"错误"记忆太多了，更容易激活杏仁核，避免犯"错误"。这也不行，那也不行，创意点子自然就少了。

什么是创意心法

如何突破思维惯性和心理惯性，以得到更多的创意点子呢？根据这些年的 TRIZ 实践，我们发现有三招是比较有效的，我称之为创意心法。第一是外求，通过眼、耳、鼻、舌、身等感官，创造新的输入给神经系统，激活不一样的神经元，产生新的点子；第二是内求，通过主动改变思考的焦点，调出潜意识里不同的记忆，也可以产生新的点子；第三，不论是外求还是内求得到的创意点子，一定要立刻记录下来，避免创意被扼杀在摇篮里。而且，越是让你心里感觉不舒服的点子越要记下来。灵光一现的创意点子其实并不稀缺，缺的往往是把点子记录下来的习惯。事实证明，很多创新其实就是把原来认为不可能的事情给办到了。

外求：新的输入激发新的点子

意识的思考过程就是在思考的场景里面根据焦点激活的记忆得到可能的行动选项，这个行动选项就是点子。思维惯性就在于经验决定了总是那几个场景和思考的焦点。如果我们能够改变场景或思考的焦点，就有机会在前额叶皮质激活一个不一样的神经元，得到新的点子。要实现场景或思考焦点的改变，最简单有效的方法就是给神经网络提供不一样的输入，即通过眼、耳、鼻、舌、身等感官，给神经系统创造新的输入。

眼代表视觉系统。大脑看到以前没看过的景象、事物、案例等，自然会在思考的场景里添加新的元素，激活新点子。鲁班是怎么发明锯子的？据说是鲁班某次在山上砍柴的时候，皮肤被草划出了血。于是他仔细研究了一下为什么这个柔软的小草会划破自己的皮肤，然后就发现了小草叶片的边缘是锯齿状的。他回家制作了一个锯齿状的木条，并成功锯开了另一根木条。小草边缘的锯齿形状给了鲁班新的点子，锯子就这样被发明出来了。

耳代表听觉系统。人类语言能够传递的信息已经不亚于视觉系统，听到新的信息一样可以丰富思考的场景，改变思考的焦点，激发新的点子。任正非先生说："一杯咖啡吸收宇宙能量。"其实就是鼓励员工多去交流碰撞。咖啡喝得越多，交流对象越多，获得的新信息也越多，产生新点子的机会就越多。

鼻代表嗅觉系统。嗅觉系统一直是大部分生物赖以生存的感官系统。大马哈鱼平时生活在大海里，产卵时要逆流而上回到河流上游的出生地，其导航系统靠的就是嗅觉。人类的鼻子虽然没有狗鼻子灵敏，也依然是出类拔萃的，大概能分辨 10 000 种气味。熟悉的菜香能瞬间调出儿时的记忆。品牌连锁酒店也会选用特定的香味作为自己的标识，提升顾客对该品牌的忠诚度。不论顾客到哪个城市的分店，闻到那个熟悉的香味就会有回到熟悉地方的感觉，心情就舒畅。尝试一下新鲜的气味，也有机会带来新的点子。

　　舌代表味觉系统。吃货对美食的追求一直没有止境，新的美食也始终层出不穷。无论生在哪个年代，吃货们总能找到新的吃法。因为食物是生存的基础，只要食物入口，大脑就会产生多巴胺。更不要说美食带来的视觉、嗅觉冲击了。当缺乏创意时，去尝试一下没有吃过的食物倒不失为一个两全其美的主意。

　　身代表触觉系统，包括皮肤感受到的刺激以及身体空间状态的感知。不一样的身体感知也能激发不一样的点子。比如前面提到的苹果砸牛顿和阿基米德洗澡的例子，都是由身体的触觉触发的点子。

　　TRIZ 理论源自跨领域的专利库，跨界思考是其核心理念。我们从其他领域的经验中借鉴解决问题的方法都是外求之道。此外，TRIZ 理论里还有很多工具都能给我们提供新的输入，比如从数百万专利里提炼出来的 40 个发明原则、几百个科学效应库、九宫格方法中的超系统思维、最终理想解方法中的理想性思维、IWB 软件推荐的算子和案例，等等。

内求：主动改变思考的焦点来激发点子

　　除了通过新的感官输入来激发点子，我们还可以利用前额叶皮质主动改变思考的焦点来产生新的点子。既然我们已经知道思维惯性是因为某些神经元的突触特别强大，总是抢占思考的焦点，我们就有办法通过主动改变思考的焦点去关注其他被忽略的元素。这里分两个小步骤：一是找到思考的场景里被忽略的元素；二是针对该元素问自己"我能否用它解决我的问题"。

步骤一：找到思考的场景里被忽略的元素。

该步骤实施起来也很简单，把通常能想到的点子记录下来，就知道哪些元素已经被用过了，其他的就是还没有产生点子的元素。TRIZ 理论里面有多个工具可以帮助我们来完成这个步骤。例如，功能模型图是一个由节点和单向箭头组成的因果图，和神经网络类似。每个节点就像一个神经元，每个单向箭头就像一个突触。通过绘制功能模型图，可以把前额叶皮质中的问题场景图形化、结构化地展现在我们面前。功能模型图中的每个节点就是场景中的一个元素。逐个审视功能模型图中的节点，就能找到被忽略的元素。

另外，TRIZ 理论教我们如何找到矛盾和消除矛盾，找到的矛盾点本身就是一个思考的焦点。跳水是一项危险的运动。运动员从高处跳入水池时，受到的冲击力是非常大的，稍有不慎就会导致运动员受伤。如何保护运动员不受伤呢？我们先看为什么运动员会受伤。这是因为在高速撞击时水太硬了。那么能否把水变软一点？把水抽走换成空气，是最软的解决方案。这个解决方案有一个副作用：运动员会直接撞到水池底，所以，水不能搞成最软，还得保留一点硬度。初始化的矛盾描述为"我希望水池里的水又软又硬"。按刚才的逻辑，有水时是硬的，没有水时是软的，这个矛盾可以改写成"我希望水池里又有水又没水"。什么东西"又有水又没水"？答案是：一个泡泡。泡泡里面全部是空气，外面包着薄薄的一层水。剩下的事情就简单了，把泡泡塞到水池里即可。当运动员撞到一群泡泡时，冲击力就变小了。我们需要一个气泡发生器，让表层的气泡多一点，随着入水深度的增加，泡泡越来越少。这样，运动员刚入水的时候水是"软"的，运动员不容易受伤。随着入水深度的增加，水越来越"硬"，运动员也不会碰到池底。在这个例子中，思考的焦点从"又软又硬"转换到"又有水又没水"的时候，"泡泡"这个点子就水到渠成了。

资源法教我们如何从场、物质、空间、时间、功能、信息这六个维度找到更多的资源。每个资源项都是思考的焦点。煤矿里发生爆炸的原因之一是粉尘摩擦产生静电，所以需要给矿井里加湿以除尘。有个煤矿所在的纬度比较高，外面环境里常年有雪。工人们就把矿井外的雪吹到井里。雪进入矿井后就被融化成水汽，增加了矿井里的空气湿度，起到了防止爆炸的作用。这里用到的就是大自然里免费的物质资源——雪。

九宫格方法则可以从超系统、系统、子系统以及过去、现在、未来的角度帮助我们拓展更多的思考焦点。如果我们能够从超系统的角度找到资源来解决问题，往往能够达到四两拨千斤，甚至是降维攻击的效果。战国时期的长平之战中，秦国就是通过战场之外的超系统资源（秦王派到赵国的说客）把对方主将从经验丰富的廉颇换成了纸上谈兵的赵括，从而打赢了这场战争。

步骤二：针对该元素问自己"我能否用它解决我的问题"。

当发现这次思考的角度以前没有考虑过时，一个新点子的机会之门就打开了，就像前面提到的跳水池里的泡泡、煤矿周围的雪、秦国说客等。

实时记录你的每一个点子

无论是外求还是内求，得到的点子请务必在第一时间记录下来。记录方式可以用写、录音或拍照，千万不要直接大声宣布出来。因为说出来的点子常常会因他人的挑战而早早地被放弃。其实有更多的点子还没有机会面临外部的挑战，就更早地被自己消灭在脑海里了。让我们来看看这是怎么回事。

前面提到，大脑是一个因果网络。当一个点子诞生时，我们就用这个因果网络来评判该点子。符合自己因果逻辑的点子基本上就是通常能想到的点子，不符合因果逻辑的点子可能会是更有创意的点子。显然，创意点子容易被识别为"错误"，激活杏仁核。当杏仁核被激活时，触发"战或逃"的反应，潜意识里还会产生不舒服的感觉（心跳加快、血压升高、肌肉紧张）。通常情况下，要"战"胜一个点子简直太容易了，只要在大脑里戮杀它即可："这不可能""太幼稚了""太离谱了"……于是，刚刚费尽心（脑）思得到的一个创意就这样被自己给消灭了。瞬间，刚才所有不舒服的感觉都消失了，同时我们还可能获得了一点"胜利"的奖赏：大脑给我们分泌了点多巴胺，我们还会有愉悦的感觉。有的人可能不是那么好斗，"逃"的反应也会让我们离这个创意远一点。于是，我们开始转移注意力，想点别的什么。这时，如果我们不做点什么，这个创意就很可能从我们的记忆里消失了。

因为，创意就是前额叶皮质思考形成的场景，都是短期记忆，持续时间一般不超过10分钟。心理学家做过一项研究，他们让被测对象去记一堆毫无意义的字母组合，大约20～30秒后被测对象就不记得前面的内容了。你应该有过这种经历：当自己正在想某件事情的时候，突然被人打断。哪怕只是中断了一小会儿，回头继续思考时就想不起来刚才想到哪里了。在我们转移注意力的同时，也就失去了刚刚产生的创意点子。所以，无论是"战"还是"逃"，我们都面临着迅速失去这个新点子的风险。除非你反复琢磨这个点子，让它形成长期记忆，也许还有机会延长记忆时间。

通常一个新点子出来后，先被自己的杏仁核挑战一轮，然后被同事的杏仁核挑战一轮，最后被领导的杏仁核再挑战一轮。可想而知，最终能落地实现的点子还剩多少，几乎为零！不是我们没有创意，是创意点子统统被消灭了。所以，无论如何，在点子从你的脑海里消失之前，务必做到：

- 实时记录大脑里产生的每一个点子！
- 先不论是否可行，越是让你不舒服的点子就越要写下来！（因为越是新奇的创意，越可能会让你感觉不舒服。）

历史上有很多把"不可能"的点子实现的故事。数学里"虚数"的诞生就是这样一个例子。在讨论是否能将数字 10 分成乘积为 40 的两部分时，意大利数学家卡尔达诺指出，虽然这个问题没有任何合理的解，但是如果将答案写成两个不可能存在的数学表达式 $5+\sqrt{-15}$ 和 $5-\sqrt{-15}$，这个问题就有解了。在写下这个答案时，卡尔达诺称之为"不可捉摸而无用的东西"。即便明知道它们毫无意义，是虚构的、不存在的，但他还是坚持写下来。一旦僵局被打破，数学家们便开始越来越频繁地使用负数的平方根，"虚数"就这样诞生了。

TRIZ 里有一个方法叫最终理想解，它鼓励我们去思考像虚数一样的理想系统，勇于打破物理定律的限制去想象理想解。哪怕最理想的解目前无法实现，退一步、退两步的次理想解说不定就是一个伟大的创新。在应用物场模型及标准解、科学效应、杂化、金鱼法等工具时，有时候也需要先构想一个实际上不可能存在的系统，然后再将其一步步实现，解决方案就诞生了。能否把那个不可能存在的系统记下来就是成功的关键。

从TRIZ大师鲍里斯·斯洛提（Boris Zlotin）先生四十余年的TRIZ经验来看，随时记录点子这个习惯深刻地影响了他的思考习惯，让他更能接受各种新奇的想法，更能想出有创意的点子。他有一个非常好的习惯：随身携带一个录音笔，只要有点子就通过录音笔记录下来。他会7×24小时随时记录点子，包括休闲时光、梦醒时刻。而且，他每天早上有固定的时间段来整理前一天的点子，以便进一步发酵并形成方案。我和大师学习了多次，每次讨论问题的时候，他的点子总是像竹筒倒豆子一样源源不断，让人惊叹！

记点子这个习惯说起来容易做起来难，因为其本质是理智和情感的斗争。TRIZ训练中就包括每天记录自己新增的点子。我们提供了专门的手机应用程序来收集学员的点子，这些点子可以7×24小时随时得到记录，并回传到IT系统里。通过记点子的训练，学员会逐渐接纳让自己不舒服的点子。当养成习惯，学会接纳自己不认同的观点后，学员的性格可能会变得更开放，生活质量也可能会因此悄悄提升。长期的TRIZ训练可以把一个人的创新能力和意愿提升到难以置信的水平，就像鲍里斯·斯洛提一样。

小结

思考在前额叶皮质进行，有一个模糊的背景和一个清晰的焦点。焦点落在哪里，就把相关的记忆从潜意识里调到焦点所在的意识里，进行计划和决策。意识可以优先抢占思考的焦点。这也是思维惯性和心理惯性形成的原因。

每个人都在用自己的因果网络来理解这个世界。杏仁核掌管着恐惧记忆，会直接从潜意识里消灭不符合自己因果网络的点子。

创意心法：

1. 外求——新的输入激发新的点子。

2. 内求——主动改变思考的焦点来激发点子。

3. 实时记录你的每一个点子。

- 实时记录大脑里产生的每一个点子！
- 先不论是否可行，越是让你不舒服的点子就越要写下来！

第 2 章

最终理想解

理想性思维

在多巴胺的驱使下，对理想解的追求一直是人类发展的一大驱动力。早期人类吃的食物直接来源于大自然的动植物，那个口感可不怎么样。后来人类学会了用火，开始享用可口的熟食。随着烹饪技术的发展，五花八门的美食层出不穷，不断挑战我们的感官。现在，甚至有人研究出可以替代食物的药丸，吃一粒就不会感觉到饿了，把吃饭的时间大大缩短了。

两千多年前的柏拉图就曾提出"理想国"的设想，历代社会制度的变迁过程体现的正是人类对于理想社会制度的探索和追求。在人类探索科学领域的历程中，理想性（Ideality）思维在其中发挥作用的例子不胜枚举。从阿基米德想象用一根杠杆撬动地球的年代开始，人类就一直在不懈地追求对自然的理解和控制能力。通过定义理想的点、线、面、刚体（一种理想物质）以及绝对时间（理想时间），牛顿用三个定律定义了经典力学。现代的量子场论通过基本粒子及其相互作用来诠释物理世界，而量子纠缠则是连爱因斯坦都无法接受的观点，他称之为"幽灵般的远距效应"。近年来，量子纠缠已经被科学家证实，并被用于量子通信、量子计算等前沿领域研究。2022年的诺贝尔物理学奖就颁给了三位在量子信息科学研究方面做出突破的科学家。

发明家们更是把提升系统的理想性作为毕生的追求。自古以来，人类就梦想着飞上天。明朝的万户尝试了用几十根火箭绑在椅子上把自己发射上天，莱特兄弟则发明了飞机。早期人类通过燃烧树枝来照明，很容易熄灭；后来有人发明了灯芯，制造出能够相对稳定燃烧的油灯和蜡烛；再后来是煤油的应用，有了燃烧更明亮稳定的煤油灯；现在的电灯则能够做到长期稳定地发光，LED 灯更是大幅降低了能耗。在这一系列的发展过程中，照明系统的理想性一直在提升。

理想性的公式如下：

$$理想性 = \frac{\sum 有用功能}{\sum 成本 + \sum 有害功能}$$

增加理想性的思考方向如下：
- 增加有用功能，其余不变。
- 减少有害功能，其余不变。
- 降低成本，其余不变。
- 增加有用功能，同时降低成本或减少有害功能。
- 大幅增加有用功能，同时略微增加成本。

在一个系统发展的过程中，理想性总是趋于增加的。比如：手机的屏占比逐年增加，有些手机的总体屏占比接近 100%。集装箱船的发展趋势也是装载的集装箱数量越来越多。目前，在苏伊士运河和巴拿马运河宽度的限制下，最大的船能装 24 000 个集装箱。2021 年的一次意外导致一艘超级集装箱船横在了苏伊士运河里，结果导致全球航运大堵船。如果把运河拓宽会怎样呢？可能会出现更大的集装箱船。

最终理想解的步骤

TRIZ 大师们也把理想性的思考方法引入了 TRIZ 理论，这个方法就是最终理想解（ideal final result，IFR）。最终理想解鼓励我们去思考像虚数一样的理想系统，勇于突破物理定律的限制去想象理想解。哪怕最理想的解目前无法实现，退一步、退两步的次理想解说不定就是一个创新。

最终理想解方法包括 7 个步骤，即回答以下 7 个问题：

Q1. 什么是系统的最终目的？

Q2. 什么是最终理想解？

Q3. 哪些事情阻止我们实现最终理想解？（达成理想解的障碍是什么？）

Q4. 这些事情如何阻止我们实现最终理想解？

Q5. 如何使前项"阻碍因素"消失？（不出现这障碍的条件是什么？）

Q6. 创造这些条件存在哪些可用资源？

Q7. 是否已有其他产业或研究能解决此"阻碍因素"？

依次回答这几个问题，就能得到意想不到的创意，比如超空泡鱼雷项目。"冷战"时期，美国的航母很强大，苏联就想怎么打航母。航母最高速度在 30 节左右，1 节的速度等于时速 1 海里，1 海里等于 1.852 千米。所以航母速度换算成地面速度是约 56 千米/小时。普通鱼雷采用螺旋桨或泵作为推进方式，速度只有 50 节左右。苏联人就想，能不能让鱼雷的速度达到航母的 10 倍，提高到 300 节。这就是"超空泡鱼雷"项目。第一步，什么是系统的最终目的？系统的目标就是将鱼雷的速度提升到 300 节。第二步，最终理想解是什么？用火箭发动机把鱼雷加速到 300 节。300 节，换算过来就是约 560 千米/小时，已经远远超过了民用飞机的起飞速度。第三步，哪些事情阻止鱼雷速度提升到 300 节呢？海水的阻力，速度越快，阻力越大，造成速度上不去。第四步，这些事情如何阻止我们实现最终理想解？那就是鱼雷一直在水中航行，所以和水始终是有接触的，只要接触到海水，高速撞击海水，海水就会产生一个反向的阻力。第五步就很有意思了，如何使海水的阻力消失？把海水去掉好不好？不要海水了，鱼雷直接在空气里跑，那不就没有阻力了吗？怎么做到呢？我们要在大海里给鱼雷创建一条专用的空气通道，让鱼雷在这条空气通道里跑。第六步，创建这条空气通道存在哪些可用资源？苏联人搬来了他们最擅长的火箭发动机技术，超空泡鱼雷的动力系统采用助推和巡航两级火箭发动机。助推火箭发动机使鱼雷航速提高到空化速度，利用高速航行时头部特殊设计的空化器产生超空泡。我们平时看到的鱼雷头部都是流线型的，那是为了减少阻力。然而，为了产生气泡，超空泡鱼雷的头部是平的，然后有一根管子往前面喷高温气体。速度起来后，巡航发动机启动，利用水反应金属燃料与水的反应产生巨大热量，并从鱼雷尾部喷出，为鱼雷提供巨大的推力。同时通过内部管路将部分高压水蒸气引到鱼雷头部，以补充空化器生成气量的不足，使超高速鱼雷始终航行在超空泡中，速度达到200节以上，相当于每小时370千米。虽然最理想的目标300节没有达到，但次理想的200节也是现代舰船不可想象的速度，相当于在水里飞了。有意思的是，到了21世纪，美国也开始研究超空泡技术。它们开展的"水下快车"项目的目标是研发速度为100节的超空泡潜艇。

让我们再来看一个详细一点的例子，假设我们要设计一款新洗衣机。

Q1. 什么是系统的最终目的？

洗衣机的最终目的是得到干净的衣服。

Q2. 什么是最终理想解（见图2-1）？

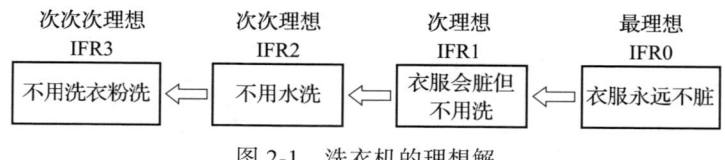

```
次次次理想        次次理想         次理想          最理想
  IFR3           IFR2           IFR1           IFR0
┌─────────┐   ┌─────────┐   ┌─────────┐   ┌─────────┐
│不用洗衣粉洗│ ← │ 不用水洗 │ ← │衣服会脏但│ ← │衣服永远不脏│
│         │   │         │   │  不用洗  │   │         │
└─────────┘   └─────────┘   └─────────┘   └─────────┘
```

图 2-1　洗衣机的理想解

从"衣服会脏但不用洗"得到 Idea1：一次性衣服，脏了就扔掉。

图 2-1 中每个理想解都可以往下探索。作为示例，后面只对最理想解"衣服永远不脏"进行分析。

Q3. 哪些事情阻止我们实现最终理想解？（达成理想解的障碍是什么？）

衣服会脏是因为有脏污会黏在衣服纤维上。

Q4. 这些事情如何阻止我们实现最终理想解？

脏污为什么会黏在衣服纤维上？→因为脏污和衣服纤维之间有个结合力。

Q5. 如何使前项"阻碍因素"消失？（不出现这障碍的条件是什么？）

我们要破坏这个结合力。

Q6. 创造这些条件存在哪些可用资源？

可用资源如表 2-1 所示。

表 2-1　可用资源

第一层资源	第二层资源	Idea
衣服	衣服纤维	
人	动作，动能	
	体温，热能	
	汗，水，矿物质	
空气	成分：氮气、氧气、二氧化碳、水蒸气，此外，空气中还存在灰尘等固体颗粒物杂质	
	参数：温度、湿度、压强、风速、PM2.5	

（续）

第一层资源	第二层资源	Idea
光	可见光、红外光、紫外光	从紫外光得到 Idea2：用光触媒[一]做衣服，在紫外光的照射下，脏污就可以分解
环境	桌子、凳子、墙壁、地板……	

Q7. 是否已有其他产业或研究能解决此"阻碍因素"？

在网络上搜"自洁"，可以查到一些相关的技术和产品。比如百度会推荐"自洁玻璃"：

"易洁玻璃"（easy-clean glass），通常在商业上也被形象地称为"自洁玻璃"（self-clean glass，或者 auto-clean glass）。这种玻璃在玻璃表面上涂抹一层特殊的涂料后，使得灰尘或者污浊液体（包括含水甚至含油的液体）都难以附着在玻璃的表面，或者比较容易被水（或者雨水）冲洗掉，这样玻璃表面非常容易保持清洁，减少了清洁玻璃表面的麻烦，也可以节省日益匮乏的水资源。这种特殊的涂料就是所谓的"易洁涂料"或者"自洁涂料"。它是利用物体在自然界所具有的两个基本物理特征开发出来的。所谓易洁玻璃就是玻璃表面拥有高疏水性，类似莲花效应，使水无法完全附着于玻璃，让水滴本身的表面张力产生水滴状的现象，水滴会自然滑落带走尘埃，使玻璃拥有易洁效果，灰尘也将无法堆积，比起一般玻璃的水渍淤积，长期下来效果有相当明显的差异。

[一] 光触媒也叫光催化剂，是一种以纳米级二氧化钛为代表的具有光催化功能的半导体材料的总称。代表性的光触媒材料是二氧化钛，它能在光照射下产生强氧化性的物质（如羟基自由基、氧气等），并且可用于分解有机化合物、部分无机化合物、细菌及病毒等。

从中得到 Idea3：采用和自洁玻璃一样的高疏水材料做衣服，脏污在重力作用下自己就掉下来了。

最终理想解的步骤详解

Q1. 什么是系统的最终目的？

最终理想解一般作为 TRIZ 项目的第一个工具，便于让使用者明确设计目标和方向。而 Q1 则是第一个工具的第一个步骤，其作用尤其重要。使用者往往面临着灵魂拷问：我到底要做什么？在上面洗衣机的例子中，如果我们仅仅把洗衣机的最终目的设定为"洗干净衣服"，我们的思维就局限在怎么设计一台洗衣机里了。而当我们把洗衣机的最终目的确定为"得到干净的衣服"时，我们的设计目标就有可能不再是设计一台洗衣机，而是转行去研发衣服材料了。特斯拉发现直流电动机的电刷很不可靠，他就质疑电刷这个系统的最终目的是什么，得到的结论是"传递电能"。基于"传递电能"的目的，他发现交流电可以通过电磁感应来隔空传递电能，并据此发明出了没有电刷的交流电动机。

尼古拉·特斯拉在约阿内理工学校学习时，他发现了电刷问题。据特斯拉回忆："当波西尔教授演示把这台机器（格拉姆直流发电机）当电动机来用的时候，电刷出了麻烦，产生了严重的火花。我提出不用这些配件可能也可以操作电动机。"在后来的日子里，他一直致力于发明出一台不用电刷的电动机。有一天，他在布达佩斯城市公园散步，太阳刚刚下山，他想起了歌德的《浮士德》，头脑中的想法如一道闪电般划过。通过歌德的落日西沉而去和隐形精神之翅的意象，他形象地设想了在电动机中使用旋转磁场。首先，他意识到不必发送电流而是利用感应出的涡流就能让电动机中的转子旋转；其次，他意识到通过在定子绕组中创建旋转磁场就能在转子中感应出涡电流；最后，他预感到使用交流电总有办法产生旋转磁场。1882年，在布达佩斯甘兹公司，特斯拉在一个交流电驱动的环形变压器顶部的木头表面放了一个金属球。随着电流流过，他高兴地发现球开始旋转，验证了交流电能产生旋转磁场。当特斯拉在伊夫里的爱迪生工厂工作时，他正式提出了用异相120度的三个交流电驱动的交流电动机系统，可惜同事对他的发明无动于衷。后来，在斯特拉斯堡工作时，火车站电力房里有一台西门子交流发电机，于是特斯拉构建了一个能用这台交流发电机供电的小电动机。刚开始，由于定子线圈缠绕在不能磁化的铜芯上，铁质圆盘没有转动。后来，特斯拉在线圈中塞了一把钢锉，并不断调整钢锉的位置。最终，当他找到一个合适的位置，使钢锉中的磁场和圆盘中感应电流的磁场同向，两个磁场互相排斥导致圆盘开始缓慢旋转。特斯拉激动地说："我终于满意地看到了异相交流电作用下的旋转，并且没有滑动触点或换向器，这跟我一年前构想的一样。"五年后，特斯拉在纽约的实验室里制作了一个有四个线圈的电动机。他用交流发电机给处于相对位置的两对线圈发送两个独立的电流，并用一个鞋油铁罐盒作为电动机转子，旋转磁场让铁罐转起来了。可惜旋转的铁罐没能引起投资人的兴趣。于是，特斯拉设计了一个巧妙的实验（见图2-2），宣传可以不打破鸡蛋就把鸡蛋竖起来。[一]他在鸡蛋外面镀了一层铜，放在桌子上。桌面下是四个线圈磁铁。当两个异相电流加载

[一] 传说哥伦布在西班牙女王伊莎贝拉一世的宫殿以竖鸡蛋的挑战驳斥了批评者。在嘲笑者们不能把鸡蛋竖起来之后，哥伦布轻轻打破鸡蛋的一端就把它竖立起来了。

到磁铁上时，蛋站起来了，并且在桌面上自己旋转起来，投资者目瞪口呆。获得投资后，特斯拉终于得以开发出自己的交流电动机，并于1888年申请了专利。后来，为了能够让交流电动机运行在二线制电网中，特斯拉又开发了分相交流电动机。从此，交流电动机普及开来。

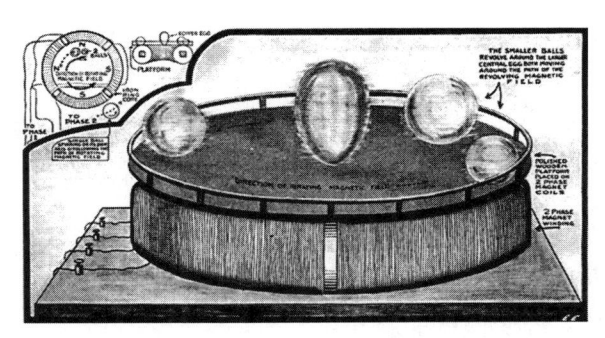

图 2-2　特斯拉的哥伦布蛋

资料来源："The Tesla Egg Of Columbus" ELECTRICAL EXPERIMENTER March 1, 1919, page 774.

在企业的 TRIZ 项目中，也可以把企业对于该项目是否成功的验收指标作为最终目的。比如噪声<50分贝；开机时间<3秒；输出功率>1 500瓦，等等。不推荐把一些综合性、结果性的指标作为最终目的，比如成本、满意度等。因为那样会导致项目范围过于发散，无法聚焦问题的重点。如果团队的目标是降成本，建议先分析影响成本的要素都有哪些，然后再根据重要性逐个攻克。

更严格的指标定义可以参考表 2-2。

表 2-2　指标定义示例

指标名称	指标说明	单位	现状	目标值	挑战值
噪声	依据××测试标准，采用××测试仪，距离×米，测试×次，取平均值	dB	60	50	45

Q2. 什么是最终理想解？

从系统的最终目的出发，先想象一个最理想的解决方案，然后是次理想的解决方案，之后是次次理想的解决方案，依此类推，列出所有能想到的解决方案。

最理想的解决方案也是理想系统，可以从四个维度来定义一个理想系统：

- 消除所有缺点。
- 没有引入新的缺点。
- 保存原系统的优点。
- 没有使系统变得更复杂。

当我们在思考什么是最理想的系统时，奇妙的事情就会在大脑里发生了。这是一个和以往不同的思考焦点，沿着这个方向将引导着我们的思路去探索一些看似不可能的事情。我们来看一个能自我除冰的烟囱的例子。

在北方寒冷的冬天，烟囱在晚上会结冰，冰块长期积累就会堵住烟囱，需要人工去定期除冰，非常麻烦。这里的理想烟囱是最好能自己把冰块清除，不需要人工介入。于是发明家设计了一个可以自动伸缩的烟囱（见图2-3）。烟囱的侧壁是手风琴的形状，可以拉伸和压缩。并且侧壁被设计为双层结构，两层中间装液体。液体没有装满，上面是空气。外层侧壁是透明的，内层侧壁涂黑。这样，在白天的日光照射下，液体会吸热挥发，形成蒸汽，从而带动侧壁伸长。到了晚上，蒸汽冷凝回到液态，侧壁又缩回原状。这样，白天伸长，晚上收缩，就实现了烟囱的自动伸缩，可以自动除冰，而且这个烟囱用的是免费的太阳能，不需要额外的能耗和成本。

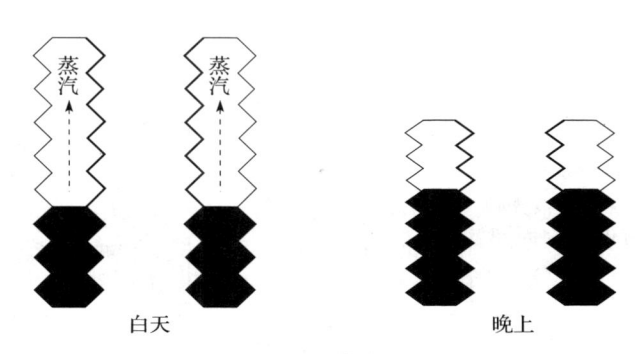

图 2-3　自动伸缩的烟囱

HIVI 表格

HIVI 表格（见表 2-3）可以帮助我们识别理想系统。

表 2-3　HIVI 表格

	有害的 Harmful	不方便 Inconvenient	附加价值 Value Added
项目			
点子 Idea			

HIVI 中，H 是 Harmful（有害的）的首字母，第一个 I 是 Inconvenient（不方便）的首字母，V 是 Value Added（附加价值）的首字母，第二个 I 是 Idea 的首字母，是我们想到的理想系统的特点。有害的、不方便都是系统的缺点，属于从去除有害功能的角度提升理想性。而附加价值则是从增加有用功能的角度来提升理想性，这样也许可以得到一些意想不到的创新。从以上三个角度识别的项目填在第一行，然后就可以根据这

些项目提出对理想系统的设想（点子），包括消除缺点和提供附加价值的点子。

例如：如何设计一双理想的筷子？表 2-4 展示了理想筷子的 HIVI 分析。

表 2-4　理想筷子的 HIVI 分析

	有害的 Harmful	不方便 Inconvenient	附加价值 Value Added
项目	1. 饭后清洗浪费水 2. 有化学药剂残留 3. 木筷易发霉 4.……	1. 外国朋友使用不方便 2. 出门不好携带 3.……	1. 好玩 2. 能够显示功能 3.……
点子 Idea	1. 不用水洗的筷子 2. 无化学药剂残留的筷子 3. 不发霉的木筷	1. 外国朋友不用学就会使用的筷子 2. 出门好携带的筷子	1. 可以放音乐的筷子 2. 能显示温度、食物营养成分、农药残留的筷子

STC 方法

STC（size，time，cost）方法也称 DTC（dimension，time，cost）方法。STC 方法也可以帮助我们寻找各种理想解。

S：size（尺寸）。

- 假设系统尺寸可以为 0，有什么样的解？
- 假设系统尺寸为无穷大，有什么样的解？

T：time（时间）。

- 假设操作时间可以为 0，有什么样的解？
- 假设操作时间为无穷大，有什么样的解？

C：cost（成本）。

- 假设系统成本可以为 0，有什么样的解？
- 假设系统成本为无穷大，有什么样的解？

STC 表格如表 2-5 所示。

表 2-5　STC 表格

	S：size	T：time	C：cost
0			
∞			

比如，假设玻璃的尺寸为 0 会发生什么事情？结果是得到了强度异常坚固的玻璃纤维以及遍布全球的光纤。

物理学家查尔斯·弗农·波伊斯（Charles Vernon Boys）擅长设计和建造科学仪器。1887 年，作为他物理实验的一部分，波伊斯想要制作一个精致的玻璃片，以便测量微妙的物理力作用于物体后的效果。他想到一个办法，就是可以使用一种细小的玻璃纤维作为平衡臂。但是首先他得做一个这样的东西出来。

为了制作玻璃细线，波伊斯在他的实验室里建造了一座石弓，并为之制作了轻巧的弩箭。他将封蜡的玻璃棒的一端系在一根弩箭上，加热玻璃直至软化，然后发射弩箭。弩箭朝着目标呼啸而去，从黏附在石弓上的熔化玻璃中拖出一条纤维尾巴。在一次发射中，波伊斯得到了一根将近 90 英尺[⊖]长的玻璃线。

"如果以前有某个善良的精灵向我许诺，我可以得到任何我想要的东西，那我向她要的东西，一定会有众多珍稀的特性，就像这些纤维一

⊖　1 英尺 =0.304 8 米。

样。"后来波伊斯也许会这样描述。然而，最不可思议的是，这种纤维异常坚固，与同样规格的钢绳相比，它的坚固耐用程度即便没有超过钢绳，至少也毫不逊色。几千年来，人类一直在利用玻璃的美丽与透明，同时承认它总是易碎的。但是波伊斯的石弓实验表明，我们还可以利用玻璃的强度。当玻璃纤维的尺寸接近0时，它的强度发生了反转，变得异常坚固。人们把玻璃丝绕在一起，做成一种用途广泛、令人称奇的神奇新材料，名叫玻璃纤维。

当玻璃纤维的透明度进一步提升时，更有趣的特性出现了。1970年，康宁玻璃厂的研究员提升了玻璃的纯度，使得一辆巴士那么长的玻璃纤维也可以像普通玻璃窗一样透明。贝尔实验室的科学家们将激光束发射到这种超白玻璃纤维上，实现了光通信。这种超级透明的玻璃纤维就是光纤。目前遍布全球的光纤网络也是互联网的基础，全球的信息交换绝大部分都是通过光纤完成的。

再比如，假设时间为0会发生什么事情？伽马射线暴的持续时间很短，长的一般为几十秒，短的只有十分之几秒。但伽马射线暴所放出的能量却十分巨大，在若干秒钟时间内所放射出的伽马射线的能量相当于几百个太阳在其一生（100亿年）中所放出的总能量！在1997年检测到的伽马射线暴，距离地球远达120亿光年，所释放的能量比超新星爆发还要大几百倍，在50秒内所释放出的伽马射线能量就相当于整个银河系200年的总辐射能量。在它附近的几百千米范围内，再现了宇宙大爆炸后千分之一秒时的高温高密情形。然而，1999年检测到的伽马射线暴比这次更加猛烈，它所释放的能量是1997年那次的10倍。

成本无穷大的典型样例要数沙特的"THE LINE"线性城市方案了。沙特政府要在沙漠里凭空造出一个城市，这个城市的形状和人类历史上的城市形状都不一样。按规划，它全长近170千米，相当于上海到杭州的距离。但是宽度仅有200米，相当于两个足球场。从空中鸟瞰，它就相当于从上海到杭州拉了一条170千米长的线，所以命名为"THE LINE"。这个占地仅34平方千米的城市，将容纳约900万居民。按规划，线性城市高度为500米，而且是整条线拉平的500米，整体是一幢170千米长的摩天大楼，可以在2024年世界高楼排行榜位列第13名；其两侧都是平整的镜面外墙，可以和沙漠融为一体；水和电力供应都将使用100%可再生能源；5分钟步行生活圈；20分钟端到端旅行时间……一切都是非常科幻的设计。

下面以摘苹果为例看一下STC的具体应用（见表2-6）。

表2-6 摘苹果的STC分析

	S：size	T：time	C：cost
0	苹果树尺寸为0→Idea1：种植矮的苹果树	采摘时间为0→Idea4：借助轻微爆破或压缩空气喷射	采摘成本为0→Idea6：摇晃苹果树或任其自由掉落
∞	苹果树尺寸为∞→Idea2：建造通向苹果树顶部的道路和桥梁→Idea3：将苹果树的树冠，变成可以用来摸到苹果的形状，比如带有梯子的形状。这样，梯子形的树冠就可以代替活梯，方便人们采摘苹果	采摘时间为∞→Idea5：任其自由掉落，在树下放一个软薄膜，防止苹果摔伤	采摘成本为∞→Idea7：发明一种带有摄像头和机械手的AI摘果机

在提出最理想的解决方案后，就可以继续设想次理想的解决方案以及其他次理想解。在思考理想解的过程中，也可以先不设定理想性，只记录可能的理想解，然后再对这些理想解进行理想性排序。寻找次理想解的方式没有固定的模式，下面推荐的几种仅作为参考。

（1）从实现"最终目的"的代价角度寻找次理想解。

如图 2-4 所示，IFR0 和 IFR1 都属于系统级解决方案。IFR2 和 IFR3 都属于组件级解决方案。再退而求其次就要牺牲"最终目的"的完全实现了。

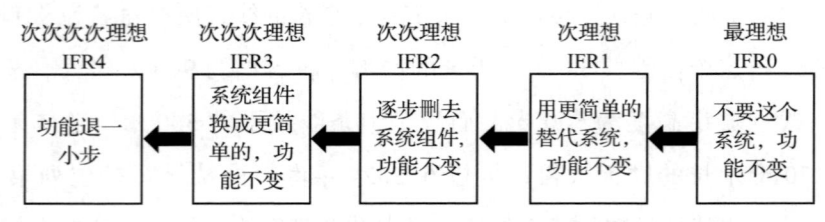

次次次次理想 IFR4	次次次理想 IFR3	次次理想 IFR2	次理想 IFR1	最理想 IFR0
功能退一小步	系统组件换成更简单的，功能不变	逐步删去系统组件，功能不变	用更简单的替代系统，功能不变	不要这个系统，功能不变

图 2-4 从实现代价的角度寻找次理想解

（2）从系统的零组件个数角度寻找次理想解（见图 2-5）。

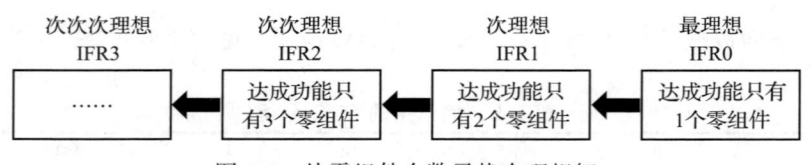

次次次理想 IFR3	次次理想 IFR2	次理想 IFR1	最理想 IFR0
……	达成功能只有3个零组件	达成功能只有2个零组件	达成功能只有1个零组件

图 2-5 从零组件个数寻找次理想解

（3）从最终目的的衡量指标出发寻找各理想解。

如图 2-6 所示假设我要选择从北京到深圳的交通工具，衡量指标是旅行时间 T，可能会得到如图 2-6 所示的理想解。最理想的交通工具 IFR0 是科幻片里的传送门，瞬间就到了；次理想的 IFR1 是火箭，比如长征 5 号火箭，全速飞行几分钟就到了；再次的 IFR2 是速度为 2 马赫的战斗机歼 20，大约飞一个小时左右；理想性依次递减的交通工具有民航客机、高铁、自驾、骑行、跑步，甚至可以走过去。这里要注意的是，每个理想解都对应一个技术系统。即便是传送门，也是有对应的技术系统的，那就是虫洞。相对论已经预测了时空弯曲到一定程度就可以形成虫洞。虽然我们现在造不出虫洞，但是不妨碍将其列为一个理想解。

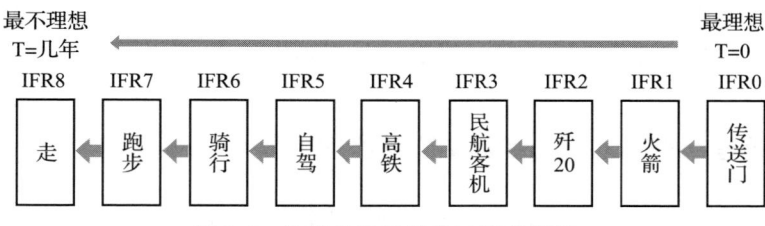

```
最不理想                                                              最理想
T=几年  ←——————————————————————————————————  T=0

IFR8   IFR7   IFR6   IFR5   IFR4   IFR3   IFR2   IFR1   IFR0
 走  ← 跑步 ← 骑行 ← 自驾 ← 高铁 ← 民航 ← 歼20 ← 火箭 ← 传送
                                    客机                      门
```

图 2-6　从衡量指标出发寻找理想解

列出所有可能的理想解之后，我们要做一次评估，确定以哪个或者哪几个理想解作为后续攻关的对象。评估的维度包括技术可实现性、成本、预期收益、市场接受程度等各种商业决策必须考虑的因素。在得到管理层的批准并获得开发资源后可进入 Q3。

Q3. 哪些事情阻止我们实现最终理想解？（达成理想解的障碍是什么？）

在 Q2 我们确定了本次项目需要实现的理想解，Q3 这一步则要识别出阻碍我们达成该理想解的障碍，以便后续逐个攻克。通常可以根据我们的经验来识别障碍，小组讨论可以用头脑风暴法。这一步最重要的是对识别出来的障碍点进行排序，明确哪些障碍是必须克服的。每一个被标识出来必须要攻克的主要障碍点就会成为一个子项目。每个子项目要完成各自的 Q4 ~ Q7，以及后续的更多 TRIZ 工具，直到该障碍被完全克服。

比如，在特斯拉的故事中，他要把电刷从电动机中去掉，采用的技术方案是通过感应电流来产生运动，面临的两个最大障碍是：Q3.1 如何产生旋转磁场？Q3.2 如何用旋转磁场产生足够大的涡电流？通过在定子绕组上加异相交流电，他使固定的框架下产生了旋转磁场。通过调整钢锉的位置和角度，他使圆盘上产生了足够大的涡电流，使圆盘开始旋转。在分别攻克了以上两个障碍后，特斯拉才发明出了交流电动机。

Q4. 这些事情如何阻止我们实现最终理想解？

这一步要发扬"打破砂锅问到底"的精神，把 Q3 识别出的每个主要障碍的产生原因或机理都识别出来。可以结合后面介绍的 5Why 法进行展开。在一层层展开原因的过程中，会逐渐梳理出一棵"根因树"，其中最末梢的原因被称为根本原因（简称根因）。从根因上去解决问题，通常会比较彻底，可以防止"按下葫芦浮起瓢"的情况发生。

Q5. 如何使前项"阻碍因素"消失？（不出现这障碍的条件是什么？）

针对 Q4 找到的根本原因，逐个思考如何突破障碍，得到点子。这里得到的点子可能是比较粗陋的，但是没有关系，后面还可以逐步完善它。

在思考如何突破障碍时，以下几个提升理想性的原则可以参考应用。

（1）去除辅助功能。

辅助功能就是支持或辅助主功能执行的功能，在很多情况下，辅助功能可以被去除（还有和辅助功能有关的零件或部件），它们的去除并不会恶化主功能的执行。包括：

- 去除校正功能。
- 去除预备操作。

- 去除防护功能。
- 去除外壳功能（如：没有弹壳的子弹）。
- 去除其他辅助功能。

例如，用普通的颜料给金属表面涂漆时，颜料溶剂就会挥发出有害气体。这里溶剂是起辅助功能的，可以考虑将其去除。如果将颜料粉末撒在金属表面上，然后加热金属零件，颜料就会熔化。这样既可以实现金属表面的涂漆，同时也不会有有害气体放出。

（2）去除组件。

通过更少的组件来完成相同的功能，属于前面提到的增加理想性思考方向中的"降低成本，其余不变"。思路和 Q2 中"从系统的零组件个数角度寻找次理想解"类似，但是更细化，侧重得到具体的解决方案。在高阶 TRIZ 工具中有更多的工具可以帮助我们得到具体的解决方案，比如功能组件分析（FAA）、裁减法（Trimming）、杂化（Hybridization）等。图 2-7 展示了裁减法的应用。

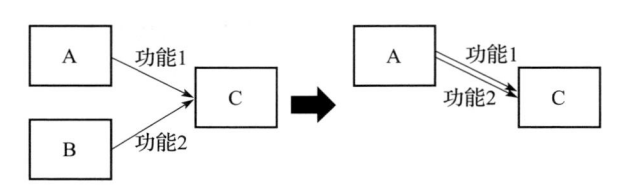

图 2-7 用裁减法去除组件 B

（3）确认自助。

这是"去除组件"的延伸，通过让一个组件自己完成相应的功能，就可以去除原来提供该功能的组件，从而降低成本，提高理想性。

例如，在家禽农场收集鸡蛋时，工人所用手套上的一个手指可以提供墨水，这样工人取鸡蛋的同时就可以在鸡蛋上印上日期，省去了给鸡蛋盖时间戳的环节及其设备。

（4）替换组件、部分或者全部的系统。

在无法去除组件时，也可以考虑替换组件，甚至替换部分或全部的系统。替换方式包括：

- 考虑用一个模型（如在结构设计、热设计和应力设计时通常应用的仿真模型）。
- 考虑用一个简单的复制品替换一个复杂的组件或组件的一部分（如通过超声波扫描图来评估胎儿的健康状况）。
- 考虑暂时或长久用一个物体的复制品（如利用网络上的虚拟博物馆代替真正的博物馆）。

（5）改变操作的原理。

为了简化系统或操作过程，可以考虑改变最基本的操作原理，用较简单的系统取代复杂的系统以实现同样功能。

例如，为了传送热玻璃片并且保持平整，可以让热玻璃片漂浮在熔化的锡炉里。

Q6. 创造这些条件存在哪些可用资源？

盘点超系统、系统、子系统里有哪些可用资源，针对 Q5 的粗陋点子进行完善，得到可以实现的解决方案。简单的示例就是洗衣机的例子，通过资源的盘点，从紫外光得到 Idea2："用光触媒做衣服，在紫外光的照射下，脏污就可以分解。"资源法在后续的章节会详细展开，大家可以进一步学习。

Q7. 是否已有其他产业或研究能解决此"阻碍因素"？

如果以上六步得到的点子还不能完全解决问题。可以考虑跨领域借鉴。这一步主要是通过一些关键词去搜索专利、论文、互联网信息等，看看是否有其他产业或研究能帮助我们克服障碍。就像上面洗衣机的例子中，通过搜索"自洁"得到了"自洁玻璃"，进而得到高疏水材料的技术，得到解决方案。当前，随着 AI 应用的普及，也可以直接通过 AI 找到有价值的线索。

可以从 Q2 和 Q3 来提炼搜索关键词。Q2 每一种理想解都对应了一种系统功能，可以通过功能描述来提炼关键词。比如洗衣机的案例中，可以用"自洁"来搜索，也可以用"无脏污""无附着""排斥脏污"等。如果选择了一次性衣服，可以用"低成本衣服""一次性衣服"等。如果选择不用洗衣粉的洗衣机，可以用"不用洗衣粉"。如果选择不用水的洗衣机，可以直接搜"不用水的洗衣机"。Q3 的每一个障碍点也可以用来提炼搜索关键词。

跨界思考也是 TRIZ 的核心理念之一，通过跨领域借鉴，TRIZ 学员获得了更多的"外求"机会，有助于激发更多的创意。40 发明原则是 TRIZ 理论的基础，都是来源于各行各业的专利，是跨领域借鉴的典范和精华。TRIZ 高阶工具如科学效应（Science Effect）、进化法则（Evolution Patterns）、定向演进（Directed Evolution）等也都是 TRIZ 大师们跨领域研究的成果，有助于启发使用者跨界思考。在最终理想解的 Q7 这个步骤，使用者需谨记，要充分利用好跨领域的经验，通过跨界思考来启发点子。

金鱼法

在 Q2 得到各种理想解后，如何把理想解转化为实际的解决方案，除了完成 Q3～Q7 的各个步骤，还可以通过另外一种方法实现，即金鱼法。金鱼法源自俄国作家普希金的童话故事《渔夫和金鱼的故事》。在故事中，金鱼把渔夫的愿望变成了现实。在这里，我们希望让理想解中幻想的部分变成现实。

金鱼法的使用步骤如下。

1. 将问题分为现实和幻想两部分。
2. 问题 1：幻想部分为什么不现实？
3. 问题 2：在什么条件下，幻想部分可变为现实？
4. 列出超系统、系统、子系统的可用资源。
5. 从可用资源出发，提出可能的构想方案。
6. 找出构想方案中的不现实部分，回到第 1 步。重复这 6 个步骤，直到问题完全解决。

举个例子，如何用 4 根火柴摆出一个"田"字（不允许折断）？

1. 将问题分为现实和幻想两部分。

- 现实部分：4 根火柴，组成一个"田"字的想法。
- 幻想部分：4 根火柴在不折断的情况下组成一个"田"字。

2. 问题 1：幻想部分为什么不现实？

4 根火柴只有 4 条线段，而组成一个"田"字至少需要 6 条线段，并且火柴不能折断。

3. 问题 2：在什么条件下，幻想部分可变为现实？

可以考虑"自助",从火柴自身寻找可以组成"田"字的"线段"资源。也可以从超系统(环境)中寻找"线段"资源。

4. 列出超系统、系统、子系统的可用资源。

- 超系统:火柴盒、桌面、空气、重力、灯光等。
- 系统:4根火柴。
- 子系统:火柴头、火柴棍、火柴棍的端面(正方形)、火柴棍的4个侧面(4个长方形)。

5. 从可用资源出发,提出可能的构想方案。

- Idea1:借助火柴盒或者桌角的两条边,加上4根火柴,就有6条线段,可以摆出一个"田"字。
- Idea2:借助火柴棍的端面(正方形),4根火柴有4个正方形,摆在一起刚好是个"田"字。

小结　　理想性思维是一种重要的思考方法,就像那句流行语所说:"梦想总是要有的,万一实现了呢。"最终理想解(IFR)方法是通过设想一连串的理想解,然后找准某个理想解作为创新方向,并通过根因分析、资源运用及跨领域借鉴克服其中的障碍,达成理想解。IFR有七个步骤:

　　Q1. 什么是系统的最终目的?

　　Q2. 什么是最终理想解?

　　Q3. 哪些事情阻止我们实现最终理想解?(达成理想解的障碍是什么?)

Q4. 这些事情如何阻止我们实现最终理想解？

Q5. 如何使前项"阻碍因素"消失？（不出现这障碍的条件是什么？）

Q6. 创造这些条件存在哪些可用资源？

Q7. 是否已有其他产业或研究能解决此"阻碍因素"？

其中 Q1 系统最终目的的设定不同有可能导致研究方向完全不同；Q2 可以结合 HIVI 表格和 STC 法进行对理想解的发想，选定一个理想解进行后续步骤；Q3 的每一个主要障碍类似于一个子项目，需要各自完成自己的 Q4 ～ Q7 步骤；Q7 搜索的关键词可以从 Q2 的理想解中提炼，主要通过功能描述来提炼关键词。金鱼法可以独立使用，也可以结合 Q2，作为 Q3 ～ Q7 的替代方案。

第 3 章
穷根究底

穷根究底是人类的本能

每个人都在用自己大脑中的因果网络来诠释这个世界，并对无法诠释的内容穷根究底。实际上，穷根究底的能力不仅人类有，其他哺乳动物也有。

意大利灵长动物学家伊丽莎白·维萨尔贝吉（Elisabetta Visalberghi）曾经对罗马动物园的僧帽猴进行了一次发人深省的实验。在实验中，猴子面对的是一根水平放置的透明管子，它可以看见管子里有一颗花生。管子又细又长，猴子没法直接拿到花生。周围有很多可以使用的工具，从最合适的（长棍）到最不合适的（短棍、软胶条）都有。猴子会不停地尝试各种手段，包括用棍子敲管子、猛烈地摇晃管子，甚至将短棍塞进管子的两端以至于无法移动花生。不过，随着时间的推移，这些猴子最终都学会用长棍将花生捅出来吃掉。然后，维萨尔贝吉为这个实验添上了一个巧妙的转折——她在管子中间开了一个洞。于是，往哪个方向推花生就突然变得很重要了。如果往有洞的方向推，那么花生就会掉进一个陷阱（塑料容器）里，猴子便拿不到了。4只猴子带着长棍参与了实验，其中3只进行了随机尝试，大约有一半的尝试成功了，它们似乎对此非常开心。但另一只名叫罗伯塔的猴子则一直不断尝试，最终变得非常成功，因为它掌握了一条简单的基本原则——将棍子插进距花生较远的那端管口。这样，花生就会被推出来，而不是掉进陷阱里。研究人员又做了一次变化，把有洞的管子替换成了新的、没有陷阱的管子。现在，随便从哪一端捅都可以吃到花生。但是，罗伯塔还是一直绕着管子寻找离花生较远的管口，坚持着曾经让它成功的原则。

这个任务看上去很简单，其实不然。人类幼童只有在 3 岁之后才能顺利完成这个任务。有 5 只黑猩猩参与了同样的任务测试，其中两只理解了其中的因果关系，学会了特地避开陷阱。在实验的第三阶段，黑猩猩发现陷阱消失后，会改变做法，怎么方便怎么捅。与猴子相比，黑猩猩会花时间观察、思考，然后通过少数几次尝试来掌握规律。成人能轻而易举地完成这个任务，得益于我们神经元数量领先的大脑皮层。猴子能够"知其然"，但是"不知其所以然"，仅仅停留在表层原因（离花生较远的管口）。黑猩猩看问题比猴子更深入，能够发现深层原因（有陷阱），进而制定出更优的对策（绕开陷阱）。而人类则会穷根究底，不找到答案誓不罢休。在潜意识里，大脑就"知道"任何现象都有其背后的原因，并驱使我们去找到它。甚至在一时半会儿找不出原因时，还会先假设一个原因，然后再想办法去验证它。正是这种"大胆假设、小心求证"的思考模式成就了辉煌灿烂的人类文明。

在假设原因的时候，每个人都依赖于自己过往的人生经验。1944 年，Fritz Heider 和 Marianne Simmel 在《表观行为的实验研究》中使用了一段视频。在一分多钟的视频中只有几个图形的运动过程，但是观看者却从中解读出了追逐、欺凌、斗争、互助、胜利等情感故事。几乎所有观看者都从自己的视角给出了一个完整的"故事"，说明这是大脑的一个缺省工作模式：用自己的经验去描述、理解和解读周遭发生的事情。哪怕对象是毫无意义的几何图形，我们也能对其运动给出一个"合理"的解释。

在视频中，三个几何图形（一个大三角形、一个小三角形和一个圆形）可以在各个方向上移动，另外有一个固定不动的矩形，此外没有任何物体或形状了。矩形的一部分可以像门一样打开和关闭。刚开始，大三角形在矩形里面，小三角形和圆形在矩形外面。然后，大三角形从矩形中开门出来，开始攻击小三角形。圆形则溜到了矩形里面。小三角形被赶到矩形底下躲起来后，大三角形开门进了矩形里。圆形在矩形里面躲避大三角形的时候，小三角形偷偷把门打开，圆形趁机溜了出去，并把门关上。小三角形和圆形绕圈庆祝。大三角形追出矩形外面，小三角形和圆形一起逃跑，最终逃到屏幕外面。大三角形找不到小三角形和圆形，就把矩形给拆散了。

对各种现象的原因探寻造就了人类科学的进步。在理解这个世界的物质实在之路上，人类的寻因之路一直没有停歇，每一次发现都刷新了我们对这个世界的认知。刚开始我们以双眼观察这个世界，世界被分解为天和地，天上有星空、日月，地上有万物，地下有炼狱（火山喷发物质的来源）。后来有了望远镜，通过对星空的观察，我们发现大地是个球，而且绕着太阳转；月亮也是个球，绕着地球转。再后来发现物质都由原子构成：原子组成分子，分子组成细胞，细胞组成生命。然后原子也被拆解成一堆基本粒子和场。虽然希格斯玻色子的发现给粒子物理标准模型提供了强有力的证据，但是关于构成这个世界的物质实在到底是什么这一问题，科学家们还没有形成一个统一的认识。我们距离物理世界的"终极理论"依然是那么遥远。尽管如此，这并不妨碍人类应用已知的科学发现做出地球上其他物种无法想象的巨大成就：在地球两端的人现在可以互相看见和实时交流；人类的足迹已经走出地球，很快将登陆火星；旅行者1号探测器已经飞离地球两百多亿千米，还在继续往深空前进。只要找到的原因是正确的，人类就能将之用于发明创造。

微生物致病的寻因之路

在人类的各种寻因之路中，不得不提到有一个原因的发现历程特别坎坷，那就是微生物致病的原因。38 亿年前，海洋里率先演化出来的生命是微生物，它们如今在地球上无处不在。细菌和病毒都属于微生物。人体内的细菌数量约为人体自身细胞数的 10 倍。在我们的肠道中，99% 的基因都是细菌贡献的。除了和人类和平相处的细菌，还有让人类致病的细菌，比如鼠疫杆菌、炭疽杆菌、霍乱弧菌及其他革兰氏阴性菌等。而病毒则是让人们谈之变色的病原体。早期祸害人类的病毒有天花病毒，后来是狂犬病毒、埃博拉病毒、艾滋病毒、流感病毒等。在人类和这些致病微生物斗争的过程中，每一次致病源的揭露都为人类的健康带来了新的保障。

虽然安东尼·列文虎克通过自制的显微镜在 17 世纪就发现了微生物，但是直到 19 世纪路易·巴斯德创立了一整套独特的微生物学基本研究方法，世人才知道细菌这种微生物会致病。也就是说，在 19 世纪之前，人类对于微生物导致疾病这一原因一无所知。那他们是怎么治病的呢？

3 000 年前，中国就有外科手术。《周礼》中所记载的"疡医"，主治的范围是肿疡、溃疡、刀伤和骨折等。《黄帝内经》中记载的九针之二——"铍针"和"锋针"，主要是用于外科手术。铍针针身像剑，两面有刃，多用于切破脓肿排脓；锋针针身圆润，针尖呈三棱形，有锋刃，多用于放血治疗。战国时期著名的医学家扁鹊，就曾为病人施行过手术。东汉名医华佗发明并使用了麻醉药——麻沸散，他被后世尊为"外科鼻祖"。但是，因为不知道微生物会致病，这些外科手术实际上是面临很大风险的。手术过程中一旦被细菌感染，即使外科手术很成功，病患也会得病致死，比较典型的就是得败血症。古代的外科医生们为了保证手术成功率，尽量用自己认为"干净"的方法来处理伤口，采取的对策有净水（煎熬过）洗涤、以火烧灼、药物包扎等。另辅以去腐、生肌、收敛愈合等药物，帮助术后伤口的止血、愈合。剩下的事情就是靠病患自己的运气了。运气好，没有伤口感染，可以正常康复；运气不好，被感染了，就只能靠自己的免疫力了。

对于没有传染性的细菌或病毒，影响的也就是病患个人。可是，有些细菌或病毒是有传染性的，这就会造成大规模感染，甚至是危害人类整体的全球性瘟疫。天花是人类的历史记录中最古老的传染病，埃及法老的木乃伊中就有得过天花的证据（明显的脓疱痕迹）。鼠疫曾经在人类历史上有过三次大流行，累计夺取了上亿人的生命。1918年爆发的西班牙大流感导致的死亡人数多达几千万。

即便不知道微生物致病的原因和机理，几千年来，人们对各种瘟疫的抗击始终没有间断。

中国古代怎样防疫[一]

一、"舍空邸第"，强制隔离

隔离是阻断疫情扩散最有效最基本的手段，这种方法自古有之。我国秦朝就建立了疫情报告制度，1975年出土的《睡虎地秦墓竹简》记载："某里典甲诣里人士伍丙，告曰，'疑疠。来诣。'讯丙，辞曰，'以三岁时病疕，眉突，不可知，其可病，无它坐。'令医丁诊之。"就是说：

[一] 《中国古代怎样防疫》，陈昀，中国文物交流中心副研究馆员。

乡里如果出现了疑似的传染病病例，典甲（相当于现在的乡长）有责任调查和迅速上报，朝廷根据疫情派医生检查治疗，三岁的小孩也不能忽视，并对相关人员采取隔离措施。《睡虎地秦简·法律问答》中，首次出现"疠所"一词。"疠所"就是隔离区。《睡虎地秦简·毒言》还记载，知情者和家人应主动断绝与"毒言"者接触，不与患者一起饮食，不用同一器皿。一旦出现疫死者，尸体作为主要传染源，该做何处理呢？据《周礼》所载，从先秦时期开始，就有了处理无主尸体的做法。此后，凡遇大疫，官府一般都有掩埋死者尸体的做法，以防止疾疫传播。

到了汉代，隔离治疗更加完善，《汉书·平帝纪》："元始二年，旱蝗，民疾疫者，舍空邸第，为置医药。"南北朝时期，隔离治疗已成为制度。萧齐时，太子长懋等人曾设立了专门的病人隔离机构——六疾馆，以隔离收治患病之人。在盛唐时期，官办医疗机构更加发达，朝廷设有养病坊，在各州府也设置有类似机构，负责各地医事管理和疾病诊疗，当大的疫情发生时，也承担临时性收容和隔离救治任务。后来宋朝的将理院、元朝的广惠司、明朝的惠民药局等，都是承担隔离治疗的官办医疗机构。明朝时，各州、府、县普遍设立惠民药局，抵御重大疫病的能力大为增强。

二、"浓煮热呷"，药物救治

面对疫情，有效的药物必不可少。东汉末年，张仲景著就《伤寒杂病论》一书（成书约在3世纪初）。中医所说的伤寒是一切外感病的总称，它包括瘟疫这种传染病。书中提出的治则以整体观念为指导，调整阴阳，扶正祛邪，还有汗、吐、下、和、温、清、消、补诸法，并在此基础上创立了一系列卓有成效的方剂。

三、"洒扫火燎",环境净化

保持环境卫生,对于防疫是至关重要的。我国古代传统防疫方法之一是熏烟蒸洗。熏烟防疫的历史最早可以追溯到殷商时期。《周礼·秋官》记载有用莽草、嘉草等烧熏驱蛊防病的方法,"凡驱蛊,则令之""除毒蛊,以嘉草攻之""除蠹物,以莽草熏之,凡庶蛊之事"。而根据出土的竹简我们可以知道,秦时期,凡入城,其车乘和马具都要经过火燎烟熏以消毒防疫。在敦煌石窟中保存着一幅"殷人洒扫火燎防疫图",描述了殷商时代以火燎、烟熏方法来杀虫、防疫的情景。两汉时期是古代瘟疫记录最多的时期,《博物志》中特别讲到,有一次长安大疫,宫中皆疫病,汉武帝焚烧弱水西国所贡香丸一枚"以辟疫气","长安中百里咸闻香气,芳积九月余日,香由不歇"。《伤寒杂病论》中就详细论述了多种传染性疾病在不同时期的各种治疗方法,熏香便是其中的一种防抗和辅助疗法。使用具有芳香气味的中药组方,可达到预防呼吸道疾病和治疗疾病的目的。所以在中国传统文化中,无论是宫廷还是百姓生活中,熏香成了各种史料和医药典籍中最为常见的驱瘟防疫的方法。空气消毒药方的出现则在晋代,东晋医家葛洪(283—343年)提出了中国古代最早的空气消毒药方。他认为通过熏烧药物的方式,可以预防疫病。"《肘后备急方》首先提出了空气消毒法:用以雄黄、雌黄、朱砂等为主的空气消毒药物制成太乙流金方,虎头杀鬼方等预防传染病的方剂……"。其后,唐代孙思邈继承和发展了这种防疫方法。明代李时珍常使用蒸汽消毒法,这个方法在清代也有记载,贾山亭《仙方合集·辟瘟诸方》说:"天行时疫传染,凡患疫之家,将病人衣服于甑上蒸过,则一家不染。"

四、"恐气触人",佩戴口罩

佩戴口罩能阻挡细菌、病毒、灰尘和有害气体的侵害与传染,而且简便易行。古时候,宫廷里的人为了防止粉尘和口气污染而开始用丝巾遮盖口鼻,如《礼疏》载:"掩口,恐气触人。"《孟子·离娄》记:"西子蒙不洁,则人皆掩鼻而过之。"用手或袖捂鼻子是很不卫生的,也不方便做其他事情,后来有人就用一块绢布来蒙口鼻。

在中国,3～8世纪时流行一种叫作羃䍦(mì lí)的出行帽子,主要用来遮蔽容貌及身体,以避免路人窥视,文字记载最早出现于晋代,流行初期男女均可以穿戴,到了隋唐时主要为妇女使用。唐代从武则天统治时期开始,妇人出行开始使用帷帽。帷帽是克服了羃䍦的烦冗而流行起来的,具有短小、轻便的特点,长仅至颈部,面部也能稍微显露,帷帽的帽裙由纱网制成,不仅具有透视的功能,还可遮阳蔽沙,且具有卫生防护效果。

从中国古代的防疫措施来看,这时的人们只能怀疑是某种致病源进入了身体,从而导致生病发烧。即便不知道具体的致病源是什么东西,也可以通过清洁和包扎伤口、清洁器具和环境、隔离病人等方式进行基本的防控。其中有些措施即使在今天也依然有效,比如隔离、消毒、包扎等。图3-1展示了生病发烧的根因分析。

除了以上防控措施,医生们也针对各种传染病分别探索了治疗方法。天花是最古老的传染病之一,治疗方法可以追溯到3 000年前。最早出现的天花预防法为接种(又被称为"人痘接种术",以便与后来出现的天花疫苗加以区分)。根据为数甚少的梵语文献记载,古印度早于公元前1 000年采用了这个方法。接种者吸入已被磨成粉末的皮痂,或使用沾有这些皮痂的利器刮破皮肤。中国则最早于公元10世纪（北宋时期）开始采用接种法；到了16世纪（明朝）已是深入人心。成功接种的人可建立持久的免疫力，因患上天花而死的概率亦会降低；若失败，接种者会染上天花，并可能将之散播。后来，英国的爱德华·詹纳医生发现了牛痘（一种对人类较为温和的痘病毒）能用以预防天花。他将此物质命名为"疫苗"（英文为"vaccine"，取自拉丁文中意指"牛"的"vacca"一字）。疫苗比人痘接种术要安全，因为使用者不存在患上天花的风险。再后来，疫苗中的牛痘病毒被换成了更有效的痘苗病毒（与牛痘及天花隶属同一病毒科）。19世纪至20世纪期间，全世界共同的防疫行动大幅降低了天花对人类的威胁。最终，依靠疫苗的普及，世卫大会于1980年正式宣布摆脱了天花，使之成为首个被人类战胜的病毒。

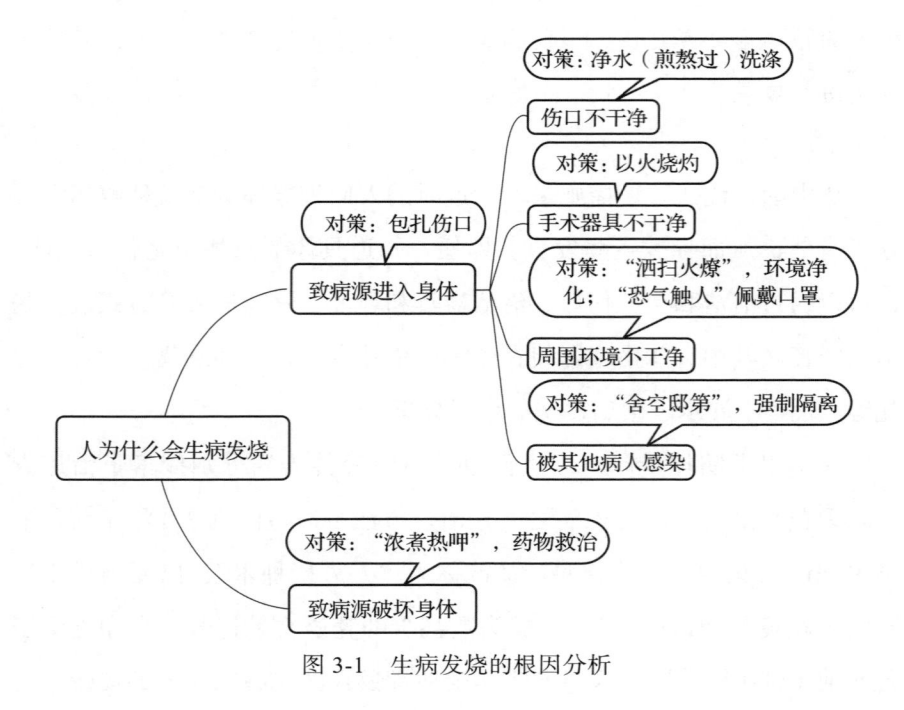

图3-1 生病发烧的根因分析

19 世纪，随着显微镜技术的发展，路易·巴斯德（Louis Pasteur）、罗伯特·科赫（Robert Koch）和费迪南德·朱利叶斯·科恩（Ferdinand Julius Cohn）率先提出了细菌理论。早在 1850 年，法国医师卡西米尔·达韦纳（Casimir Davaine）等人已经成功分离出炭疽杆菌，但尚未证明其就是造成炭疽病的元凶。罗伯塔·科赫发现，由于病原体无法长时间在宿主体外存活，因此炭疽病原会形成一种抵抗力极强的内孢子。这些存于土壤中的内孢子，就是造成过去无法解释的炭疽病大流行的罪魁祸首。这是人类历史上首次发现微生物能够致病的事实。

路易·巴斯德被称为"微生物学之父"。法国的葡萄酒业非常有名，但是久置的啤酒和葡萄酒会变酸。里尔酿酒商向巴斯德请教如何防止酒变酸。巴斯德首先研究了酒的发酵过程。他发现发酵是由微生物（酵母菌）的增长造成的。酒变酸和发酵类似，不过是由不同的微生物引起的。巴斯德的发现改变了以往认为微生物是发酵的产物、发酵是一个纯粹的化学变化过程的错误观点。同时，巴斯德通过大量实验提出：环境、温度、pH 值和基质的成分等因素的改变，以及有毒物质都以特有的方式影响着不同的微生物。他创立了"巴氏消毒法"，通过 60℃～65℃短时间加热处理来消灭微生物。"巴氏消毒法"后来被广泛应用于各种食物和饮料的消毒处理。巴斯德认为传染病的微生物在特殊的培养之下可以减轻毒力，变成防病的疫苗。1885 年他以减毒培养的方式研制出首个减毒狂犬病疫苗，成功拯救了一位 9 岁儿童的生命。

巴斯德解决桑蚕病问题

1865 年 6 月，巴斯德接受法国农业部长委托，到阿莱解决桑蚕微粒子病问题。得病的蚕身上出现黑色或褐色的斑点，很快就会死亡，并且这种病传染迅速，严重影响到法国价值 1 亿法郎的桑蚕业。他取下病蚕身上的黑斑点，放在显微镜下探索，很快发现了一些球状的小东西。他推测这就是病原菌，并想了一个办法来隔离蚕种。他把雌蛾都隔离开来，让每只雌蛾的卵都各自产在一块独立的布上，并且等雌蛾产完卵后就把这只蛾钉死在这块布上。然后，他把每只死蛾研碎了放在显微镜下观察，发现病原菌的就把死蛾及整块布一同烧掉，没有病原菌的则留作蚕种。这样，他就得到了健康的蚕。

正当巴斯德自认为已解决了桑蚕病问题时，突然有一窝健康的蚕大批死亡。死蚕身体发黑，软而松，烂得很快，可是又检查不出微粒子病的病原菌。经过反复研究，巴斯德最终发现这是由另一种弧状病原菌导致的软化病。

大量实践表明，用显微镜检查微粒子病和软化病的病原菌的技术既好掌握又十分有效。1869 年春，巴斯德向蚕业委员会提供了一批保证健康的蚕种。

巴斯德解决炭疽病问题

炭疽病是一种可怕的牲畜传染病，病畜会在两三个小时内死亡，传染快，发病率、死亡率都极高，许多地区的牲畜约 30%～50% 死于炭疽病。有人发现病畜血液中存在着一种杆状弧菌，怀疑这便是病原菌。有人将死于炭疽病的牛的血液注射在兔子身上，兔子很快死亡。但是，检查时却发现兔子体内并无杆状弧菌。巴斯德亲自做了实验。他取一滴死于炭疽病的牲畜的血液，培养了 40 瓶杆状弧菌。然后取一滴带有杆状弧菌的培养液给兔子注射，结果兔子死于炭疽病。所以，巴斯德认为这种杆状弧菌确实是炭疽病的病原菌。可是，为什么有人说在死亡的兔子身上找不到杆状弧菌呢？

　　1877年夏天，巴斯德来到屠宰场，找来一头死羊（死亡16小时），一头死马（死亡24小时），还有一头死牛（死亡50小时以上）。他把这些死畜的血抽出来注射给豚鼠。结果，注射了羊血的豚鼠死于炭疽病，血液中检查出大量杆状弧菌；注射了牛、马血的豚鼠死亡更快，可血液中并没有杆状弧菌，反而发现了另外一种弧菌。弧菌于牲畜死后16小时开始在血液中繁殖，毒性极大，死亡前症状与炭疽病相似。为了进一步证实这个问题，巴斯德找来一匹绝对健康的马，将其窒息而死。在其死后一天，将其深处静脉切开，取出一滴血注射给兔子，兔子很快死亡。这个实验进一步证实了杆状弧菌就是炭疽病的病原菌，现在被称为炭疽杆菌。

　　后来，巴斯德又发现了鸡从不患炭疽病的事实，觉得很奇怪。他推测可能是因为禽类的体温比牲畜（哺乳类）要高。于是，他将炭疽杆菌注射到母鸡体内，并把母鸡身体的1/3浸入冷水里。这样处理后的母鸡果然感染了炭疽病死亡，血液中满是炭疽杆菌。为了证明给反对者看，巴斯德又做了一个更全面的比较实验。他弄来4只母鸡，给其中3只注射了炭疽杆菌。第一只在自然状态下；第二只和第三只放在冷水里，当第三只母鸡表现出明显的炭疽病症状时再将其放在室温为45℃的地方；第四只不注射，放在水里。结果只有第二只死亡，第三只虽已发病可后来活过来。这样就证明了，只要将体温升高到42℃（母鸡体温），便不会得炭疽病。

　　产褥热也称产后感染，是由细菌感染导致产妇发热的致命疾病。现在大家都知道细菌是导致我们生病的原因之一，可是当我们回头去看西方医学界对于要求医生消毒双手的倡议如何反应时，你会发现在思维惯性下要接受一个正确的原因有多难。匈牙利医生伊格纳茨·塞麦尔维斯

（Ignaz Semmelweis）在维也纳医院工作的时候，无意中碰到了一次自然实验：该医院有两个产房，一个是给上流人士准备的，产妇由内科医生和医科学生看护；另一个是给工薪阶层准备的，这里的产妇则由助产士照料。工薪阶层产房的产褥热死亡率低很多。塞麦尔维斯研究发现，内科医生和医科学生们会在接生婴儿和尸体研究工作之间来回转换，而助产士则不会。他认为，某种传染源会从尸体通过医生和医科学生传给新妈妈们。虽然不知道传染源是什么，只要在接生婴儿之前洗手消毒，就有机会切断感染途径。所以，塞麦尔维斯在1847年首次提议，如果医生想要在同一个下午又解剖尸体又接生婴儿，他们就应该用氯化石灰溶液洗手消毒。因为当时还不知道是细菌导致产妇感染，而且这个对策又直接挑战了医生的权威（不洗手消毒就接生无异于谋杀），所以塞麦尔维斯遭到了医学界的大肆嘲笑和批评。

约瑟夫·李斯特（Joseph Lister）是外科手术消毒技术的发明者和推广者，被誉为"现代外科学之父"。通过鹅颈瓶实验，巴斯德首先证明了微生物的存在，为李斯特提供了依据。1865年，在格拉斯哥大学任医学外科教授时，李斯特首先提出缺乏消毒是手术后发生感染的主要原因。他为一位断腿病人实施手术，选用石炭酸作为消毒剂，并实行了一系列的改进措施，包括：医生应穿白大褂、手术器具要高温处理、手术前医生和护士必须洗手、病人的伤口要在消毒后绑上绷带，等等，这位病人很快痊愈。1867年，李斯特又将消毒手段应用到输血和输液中，降低了败血症的发病率。这一系列措施降低了术后感染的发病率，大大提高了手术成功率，术后死亡率大幅下降，使得外科手术成了一种有效、安全的治疗手段。

知道细菌是致病源后，在公共健康领域如何大规模消毒杀菌就成为一个新问题。美国新泽西州的医生约翰·李尔（John Leal）的父亲因为喝了受细菌污染的水久卧病床，痛苦而死。所以，李尔决心要解决供水污染的问题。他实验了各种杀灭细菌的技术，最后选择了一种特殊的有毒物质——次氯酸钙，俗称漂白精。他做了自认为足够多次的实验，证明只要剂量适当，氯不但能除掉水里的致病细菌，而且不会对喝水的人造成危险。但是，他的工作和塞麦尔维斯一样缺乏理论支撑，很难获得公开的支持。机会来自他供职的泽西城供水公司。1908年，该公司被法官批评未能提供"洁净而卫生"的废水，责令它们修建造价高昂的附加下水管道，专门用于将废水和饮用水隔离开来。但是李尔知道，下水管道效果有限，特别是在遇到大暴雨的时候。于是他决定将他成功的氯实验用于最终的测试。在未获得许可和告知普通百姓的情况下，他在泽西城水库中加入了氯。这是历史上对城市供水的首次大规模氯化消毒，也是一个极其危险的举动。3个月后，他被法庭传唤。法官当时问他："您喝这种水吗？"他回答："我喝，先生。"由于氯实验的成功以及他的坦诚，他最终赢了官司。不出几年，类似泽西城这样的供应氯化饮用水的城市，伤寒这类水传疾病显著减少。

在静脉注射治疗应用的早期，很多病人注射后死去了，因为那时医生都不知道注射液和注射器会被细菌污染。1832年，托马斯·拉塔医生给15位病人进行了注射，其中10人死亡。1847年，医生·J.麦金托什在给156位病人进行静脉注射前，使用皮革"小心地过滤"了注射液，但这项"创新"措施让事情变得更糟糕：84%的病人都去世了。直到1923年，生化学家弗罗伦丝·B.塞伯特证明了注射液受到了细菌的污染，并且这些细菌能在高温下保持稳定，这就意味着即使经过高温处理，蒸馏水仍然会被细菌污染。塞伯特发现，兔子的体温平常仅会发生轻微的波动，但是如果向兔子的耳静脉注射被细菌污染的水，它们会立马发热。于是，兔子测试成为评估注射药物安全性的黄金标准，并持续了几十年。

塞伯特没能找到污染蒸馏水的细菌内毒素，但是那些发烧的兔子向她暗示着小恶魔（她称之为"蓝色小恶魔"）的存在。这个小恶魔就是革兰氏阴性菌，该细菌的细胞壁碎片中含有危险的内毒素。内毒素是革兰氏阴性菌细胞壁中的一种成分，其主要成分是脂多糖，脂多糖对人体是有危害的。内毒素只有在细菌死亡溶解或用人工方法破坏细菌细胞后才释放出来，所以叫作内毒素。内毒素非常耐热，在100℃的高温下加热1小时也不会被破坏，只有在160℃下加热2～4个小时，或用强碱、强酸或强氧化剂加温煮沸30分钟才能破坏它的生物活性。刘易斯·托马斯在《细胞生命的礼赞》(*The Lives of a Cell*) 一书中写道，人体会将革兰氏阴性菌当作"坏蛋中的极品"来处理。当感知到内毒素的存在时，"我们的身体很可能会启动一切可用的防御机制：轰炸、剥落、封闭和摧毁该区域的一切身体组织"，结果将是"一片狼藉"，引起发热、发炎、低血压、呼吸困难甚至窒息、休克以及死亡。1950～1951年，弗雷德里克·班发现，鲎的蓝色血液在有革兰氏阴性菌存在时会出现凝块。这种凝血剂非常强大，在鲎因致命感染而死亡之前，它所有的血液可能就已完全凝结了。也许正是因为血液的这个功能，鲎才能生存4.75亿年，成为地球上存在时间最长的动物之一，曾见证了恐龙的兴衰。又过了若干年，班和杰克·莱文成功分离出鲎体内的内毒素检测物，并得到了稳定的化合物。他们将这种物质命名为鲎变形细胞溶解物（LAL）：第一个L源自美洲鲎的属名Limulus；A意味着变形细胞（amebocyte），即鲎的血细胞；第二个L意味着细胞溶解物。研究者发现，鲎血对内毒素的敏感度是兔子测试的10倍。即便是一些在兔子测试中毫无反应的内毒素，鲎血也能检测到它们的存在。1977年，美国食品药品监督管理局（FDA）批准了 LAL 试剂的应用。LAL 测试给人类带来了福音，从此静脉注射变得安全可靠，但是也给鲎带来了几十年的灾难，因为要抽取鲎血来提纯 LAL。好消息是，借助于基因工程技术，目前已经有几种人工合成的 LAL 替代物，希望能让鲎尽早放下拯救人类的重担。图 3-2 展示了微生物致病的根因分析。

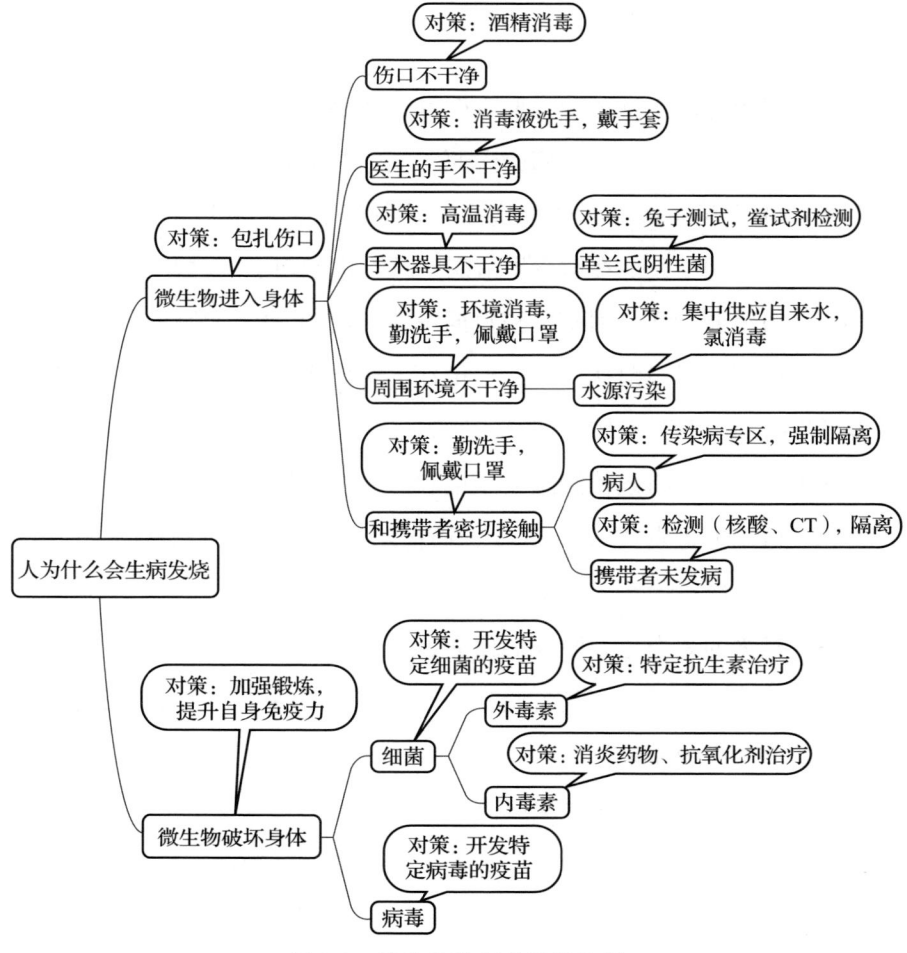

图 3-2 微生物致病的根因分析

回顾以上微生物致病的寻因之路，有几个要点具有普遍意义。

（1）**针对表层原因也可以采取对策，缺点是效力有限或代价巨大。**比如，中国古代防疫措施，有些现今依然有效。我国成功防控新冠疫情的关键措施之一就是"舍空邸第"——隔离。

（2）**找到深层原因意味着能够更有效地解决问题**。比如，知道是微生物致病就可以通过消毒来预防感染，进一步发现内毒素后才使得静脉注射变得安全可靠。

（3）**原因可能不止一个，要逐个发现并解决**。比如，巴斯德解决桑蚕病时，先是找到了微粒子病的病原，实施对策后又发现还有病蚕，然后再找到软化病的病原，两个病原都控制好后，才彻底解决桑蚕病问题。另一个案例中，他在解决炭疽病问题时也发现了同时存在的弧菌。

（4）**根因要验证，用事实和数据说话**。比如，巴斯德怀疑鸡是因为体温高所以不会得炭疽病，于是他设计了对比实验。放在冷水里的鸡果然得了炭疽病，并且在体温恢复后病鸡也随之康复。

（5）**对根因的有效检测是实施控制的先决条件**。比如，兔子测试为人类有效检测内毒素贡献了 50 年，而检测灵敏度比兔子测试高 10 倍的鲎血测试让静脉注射真正安全。

（6）**对策的效力也要验证**。比如，塞麦尔维斯提出手术前要洗手消毒，可是他饱受攻击，不具备验证条件。直到 20 年后李斯特验证成功，该措施才开始大规模推广。

（7）**思维惯性会成为对策实施的障碍**。无论是塞麦尔维斯推行洗手消毒的失败，还是李尔推行用漂白粉给自来水消毒的侥幸，都是明显的警示。

在根因验证时，如果得到的验证结果和预期不一致，先不要气馁。

只要数据正确，说不定这里就孕育了创新的机会。当实验物理学家发现验证结果有偏差时，往往都导致了理论物理的更新升级。氢原子模型的发现过程就是如此。

在玻尔提出氢原子模型之前，物理学家们已经总结出氢原子谱线的通用公式为：

$$\tilde{v} = R_H \left[\frac{1}{m^2} - \frac{1}{n^2} \right], 其中 m = 1,2,3\cdots\cdots, n = 2,3,4\cdots\cdots 且 n>m \quad (3-1)$$

玻尔通过假设稳定电子处于某些定态，当电子在定态间跃迁时发射电磁波，其频率为：

$$v = \frac{E_n - E_m}{h} \quad (3-2)$$

结合以上两个公式，以及其他运算，玻尔得出 R_H 的理论值为：

$$R_H = 109\,737.31\,\text{cm}^{-1}$$

而 R_H 的实验值为：

$$R_H = 109\,677.58\,\text{cm}^{-1}$$

看起来很完美对吧。误差不到千分之一！根因验证如果做到这样的结果，相信大部分人都满意地结束了。实际上，该计算是在假设原子核不动的情况下（原子核质量 >> 电子质量）。如果考虑双体运动，即原子核和电子围绕共同的质心运动，得到的 R_H 的理论值为：

$$R_H = 109\,677.58\,\text{cm}^{-1}$$

与实验值完全吻合！误差的来源是忽略了原子核质量对运动的贡献。

有了原子核质量这个新的根因，物理学家有了新发现。他们发现有两条氢原子谱线非常接近：

$$\begin{cases} 6\,562.79\,\text{Å} \\ 6\,561.00\,\text{Å} \end{cases}, \Delta\lambda = 1.79\,\text{Å}$$

为了解释这个现象，科学家假定存在氢的同位素 D，其原子核质量为氢原子核质量的 2 倍：

$$\frac{M_D}{M_H} = 2$$

计算得到二者的谱线波长比理论值为：

$$\frac{\lambda_H}{\lambda_D} = 1.000\ 273$$

而从上面的实验结果可得到的比值为：

$$\frac{6\ 562.79}{6\ 561.00} = 1.000\ 273$$

理论值与实验结果完全一致，从而验证了氘（D）的存在。

根因分析常用的方法和工具

在 TRIZ 项目中一样要进行根因分析。只有先搞清楚问题产生的根因，才能通过创新对策来解决问题。在根因分析中通常使用头脑风暴法，常用的工具有亲和图、鱼骨图、系统图、关联图、5Why 等。

头脑风暴法

头脑风暴法（Brain Storming）又称脑力激荡法，是广告商阿力克斯·奥斯本创立的一种群体发想创意的方法。它采用会议的方式，引导每位与会者围绕着某个中心议题广开言路、激发灵感，在每个人大脑中掀起思想风暴。通过引导每个人毫无顾忌、畅所欲言地发表独立见解，头脑风暴法可以在短时间内产生大量的创意。在寻找可能的原因时就可以运用头脑风暴法。

头脑风暴法的目的是得到尽可能多的创意，使用时要注意以下原则。

（1）人人平等，消除恐惧。

权威人物或领导在场时，与会者的杏仁核容易被激活，在发表观点时就倾向于权衡再三，从而扼杀许多创意。如果不能创造人人平等的会议环境，建议在头脑风暴的创意发想阶段让权威人物或领导尽量回避。

（2）数量优先。

创意数量是衡量一次头脑风暴是否成功的唯一标准。开展头脑风暴的目的就是把大家能想到的创意全部激发出来。为了方便大家记录创意，建议给每个人配发数量足够多的便利贴，有创意就写下来，然后贴在墙上，让其他人都能看到。

（3）不批评。

批评、否定会激活创意提出人的杏仁核，结果是提出人要么下次不敢再提创意，要么就会主动攻击否定他的人。无论何种结果，都会降低创意数量，背离了头脑风暴的初衷。

（4）鼓励疯狂。

就像寻找最终理想解一样，头脑风暴也鼓励疯狂和夸张的创意，因为你不知道哪一个疯狂的创意最终会被实现，最好的办法就是先把创意全记录下来。

（5）鼓励搭便车。

通过了解别人的创意，互相启发，可以有更多思考的焦点，产生更多的创意。想象一下蚂蚁的例子就能体会到头脑风暴的魅力。每只蚂蚁只是例行完成自己的工作，没有太多的想法，但是集合整个蚁群的力量却可以建造冬暖夏凉、功能齐全的蚁穴，并且可以团队狩猎、搬家、攻击入侵者，呈现出群体智慧。蚂蚁尚且如此，几个聪明的大脑在一起工作，焉能没有"1+1>2"的效果。

头脑风暴法的使用步骤如下。

（1）明确要讨论的问题和目标。

设定一个希望获得的创意数量，作为头脑风暴会议目标。

（2）确认参加头脑风暴的人员。

参加人员建议多样性、跨领域，这样大家大脑里的经验不同，有助于激发更多的创意。

（3）会议准备。

营造一个舒适的会议环境，准备充足的便利贴、笔和甜点。甜点是用于补充能量的。当经过一轮头脑风暴，创意数量还不够，希望继续讨论时，让大家适当吃点甜点能补充能量，给大脑带来多巴胺，以愉悦的心情继续。愉悦的精神状态对于创意诞生非常重要，焦虑的大脑是很难有好创意的。因为焦虑的事情会抢占思考的焦点，大脑的资源都被消耗在焦虑的事情上了。

（4）明确每个人的角色分工。

需要有一位引导员。引导员负责澄清问题描述、数量目标和宣讲头脑风暴原则，并在过程发生偏离时及时予以纠正，比如搁置争议、避免冷场、鼓励发言等。

记录员（可选）负责记录创意。如果使用便利贴记录创意则不需要单独的记录员。

（5）头脑风暴过程。

遵照前述原则进行头脑风暴。

（6）头脑风暴结束、引导员总结。

逐条确认获得的创意，若触发了新的创意，及时补充到创意列表里。此阶段可以邀请权威人物和领导参与，了解成果，补充创意。

头脑风暴法有一种变体叫脑力激写法（Brain Writing）。为了避免大家在讨论过程中发生争执，脑力激写法规定每个人在限定时间内写下一定数量的创意，然后传递给下一个人，全程不需要说话。脑力激写规则样例如下。

（1）6个人围成一圈，每人拿一张A4白纸和一叠便利贴。

（2）5分钟内，每人写下3个创意，一张便利贴写1个创意，贴在A4纸上。

（3）把自己的A4纸传递给右边同事，同时从左边同事处接收A4纸。

（4）重复第2～3步，没有创意时可以查看A4纸上已有的创意，看看能否激发出新创意；30分钟完成6次传递，脑力激写结束。

理想情况下，用以上规则可以在30分钟内产生108个创意。

亲和图

亲和图（Affinity Diagram）是日本学者川喜田二郎在尼泊尔探险时开发的，当时是为了整理野外的调查结果资料。头脑风暴得到创意（原因）后就可以用亲和图进行归纳整理，如图3-3所示。在整理的过程中可以通过自下而上"聚类"，逐渐得到一个有序的树状结构。

使用亲和图的目的是得到完整有序的问题结构，使用时要注意遵循以下原则。

（1）相近的内容放在一起。

在亲和过程中，把内容相近的便利贴放在一起，并给这组便利贴命名（写一张新的便利贴）。若干个小组还可以亲和为一个大组。依此类推，最终得到一个树状结构，树顶就是需要解决的问题。

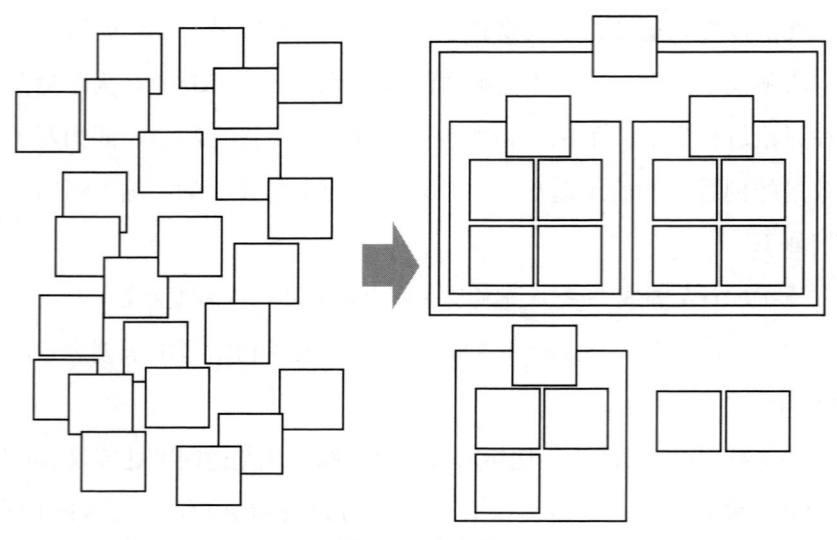

图 3-3 亲和图

（2）发现结构并使之完整。

如果发现有新的创意或组名，随时可以补充进去。校验一个结构是否完整，可以参照 MECE 原则。MECE（Mutually Exclusive and Collectively Exhaustive）原则，即所谓"不重不漏"，是把一些事物分成互斥的类别，并且不遗漏其中任何一个的分类方法。该原则由芭芭拉·明托（Barbara Minto）提出，但这种思想的起源最早可以追溯到亚里士多德。比如，如果调查发现同样的问题现象已经在亚洲、欧洲、非洲出现了，自然会想到去检查美洲、大洋洲为什么没有。

（3）合理分组。

在亲和过程中，如果有无法亲和的卡片，建议单独一组。如果发现某一组卡片过多，建议再审视其中是否有更精细的结构，若有则将其拆分。如果有一张卡片既适合 A 组又适合 B 组，可以将其复制，每组各放一张卡片。

鱼骨图

鱼骨图（Fishbone Diagram）也称因果图，是日本质量大师石川馨提出的。他通过鱼骨头的形象比喻提醒工程师们最重要的原因是那些最末端的根因（小鱼刺），因为卡在喉咙里的往往是那些很小的鱼刺（见图 3-4）。

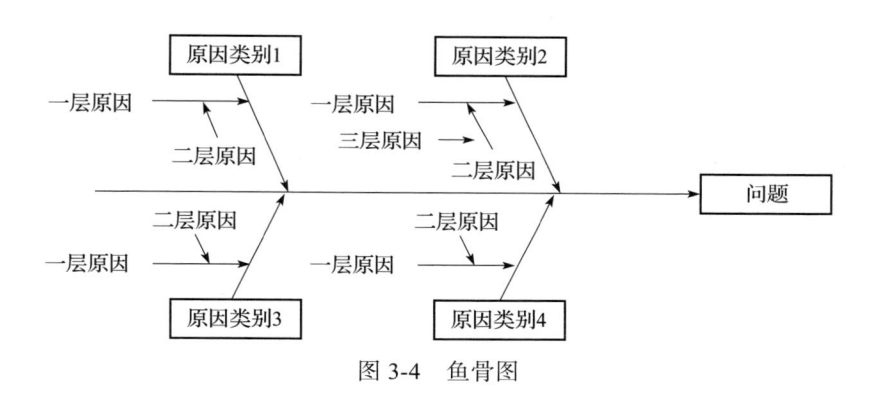

图 3-4 鱼骨图

亲和图的结果可以直接转化为鱼骨图，因为从拓扑结构上二者是一样的，都是树状结构。也可以直接在鱼骨图上进行头脑风暴，把所有的原因找出来。当不确定自己问题的原因类别时，有一个通用的原因类别可以参考，那就是人（Man）、机（Machine）、料（Material）、法（Method）、环（Environment）、测（Measurement），简称 5M1E。

由于鱼骨图画法的限制，当原因层级大于四层时通常就很难写下原因描述，此时建议将鱼骨图转化为系统图（树图）。

系统图

系统图也称树图，也就是大家常用的思维导图。其发散的层次不受限制，形式也更加多样化。尤其是随着思维导图软件的流行，人们可以更方便地描绘出图片化、优美的问题结构，突出问题的本质。系统图没有箭头，一般默认末端节点是原因，根节点是问题。

关联图

当多个问题之间的原因交织在一起时，画出来的问题结构就是关联图，又称关系图。可以先把每个问题的树图都画出来，然后把几个树图拼在一起，补充原因之间的因果箭头，就可以得到一幅关联图。也可以在头脑风暴的时候直接对多个问题同时找原因，然后在亲和过程中自然就得到一个原因交织在一起的关联图。关联图的箭头约定为从原因指向结果（见图 3-5）。

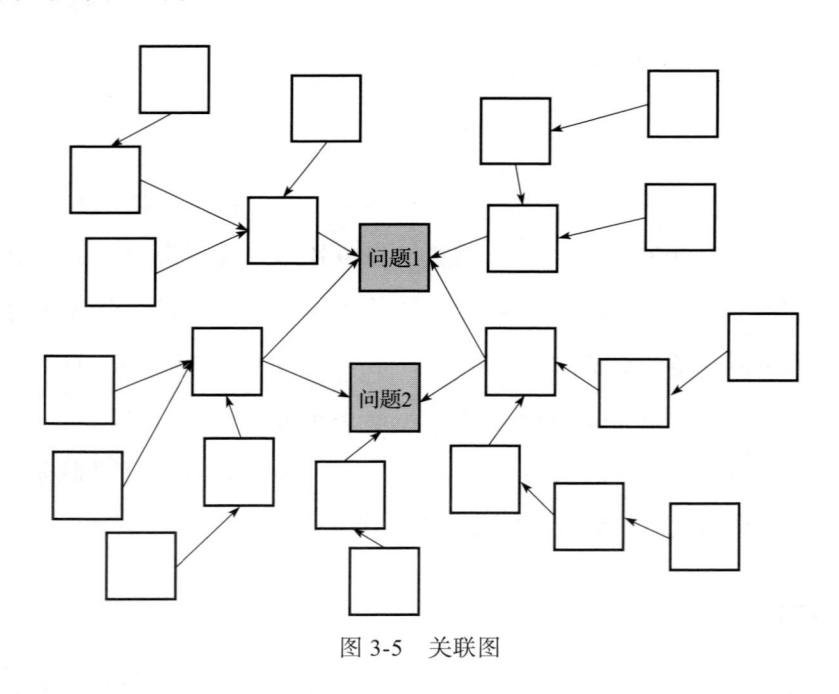

图 3-5　关联图

5Why

5Why 法也称五问法。最初是由丰田佐吉提出的，后来成为丰田生产系统中的一项关键培训内容，用以提升员工解决问题的能力。丰田生产系统的设计师大野耐一曾经将5Why法描述为"……丰田科学方法的基础……重复五次，问题的本质及其解决办法随即显而易见"。其本质就是贯彻"打破砂锅问到底"的精神，找到问题的根因。在用鱼骨图、亲和图、系统图、关联图等工具分析根因时都可以多问几个为什么，以使得根因分析更深入、更完整。"5"只是象征要多问几次，具体使用时要问几次为什么是没有规定的，问到项目组可控的范围即可。如果试图挑战外部不合理的因素，就要做好更加艰难斗争的准备，有可能要借助超系统的资源。

小结

在多巴胺的驱使下，对所有未知现象的原因进行穷根究底是人类的本能。每个人都在用自己的因果来理解这个世界。首先要搞清楚问题的本质，然后才能采取有效的对策。本着"打破砂锅问到底"的精神，通过应用头脑风暴、亲和图、鱼骨图、系统图、关联图、5Why等工具，我们期望得到一棵完整的根因树。在寻找根因的过程中，以下原则可以参考。

1. 针对表层原因也可以采取对策，缺点是效力有限或代价巨大。
2. 找到深层原因意味着能够更有效地解决问题。
3. 原因可能不止一个，要逐个发现并解决。
4. 根因要验证，用事实和数据说话。
5. 对根因的有效检测是实施控制的先决条件。
6. 对策的效力也要验证。
7. 思维惯性会成为对策实施的障碍。

第 4 章

善用资源

一切都是资源

200万年前，人类开始登上历史的舞台。在漫长的史前岁月里，人类的祖先历经坎坷，终于在150万年前学会了一项其他动物都不具备的技能：用火。火这个资源从此改变了人类的发展进程，给人类带来了容易消化的熟食，提高了进食效率。

在多出来的大量时间里，人类大脑也没闲着，而是利用富余的能量不停地思考和解决生活中出现的层出不穷的问题。大脑在思考的过程中不断被磨砺，使得人类的脑容量得到了突飞猛进的发展。经过100多万年的不断扩容，人类的脑容量在20万年前达到顶峰，大约扩大了3倍，并基本维持到现在。伴随着脑容量增长的是大脑皮层神经元数量的增多，人类因此发展出了超越地球上其他所有物种的大脑皮层。远超其他物种的神经元数量使人类的认知能力得到了质的飞跃，逐渐发展出语言文字和数学逻辑，以及文学、自然科学、艺术、社会学、哲学等丰富多彩的人类文明。从此，地球进入了人类主导的时代。

在人类用大脑思考如何解决问题时，很容易想到的对策就是借助自身以及手边现有的资源。边上有什么东西趁手就用什么。

当手边没有趁手的资源时，人类就会想办法去创造出合适的资源。比如人类最早的自制工具就是各种加工过的石器，有砍砸器、刮削器、斧形器、刀形器等。

利用资源的高手非人类莫属了。每个人都从自己的视角来审视这个世界，并将所有能识别的人或事物当作自己的备选资源。这种思维模式来源于前额叶皮质神经元的思考方式。这种思考模式实际上把"我"所认知的任何人和事物都当作了一项资源，即为"我"所用。

资源分析

"四方上下曰宇，古往今来曰宙。"空间和时间是宇宙的基本要义。所以，空间资源和时间资源是资源分析首先要涵盖的。"色即是空，空即是色。"虚空对应的场资源和实在对应的物质资源也是资源分析的主要内容。资源分析作为一种方法被引入 TRIZ 理论，是因为利用资源是解决问题的必要手段。一般我们会从已经拥有的资源开始分析，比如系统已经具备的功能、已知的信息等，然后再逐步扩展到未知的资源。

充分挖掘现有资源的新用途，特别是利用超系统里免费的资源来解决问题，已经成为 TRIZ 理论的一个核心理念。在一个案例里，发明者巧妙地利用环境里的免费资源解决了问题。在靠近北极的海上航行时，船只面临着一个很大的风险。由于气温远低于零度，海水被海风吹到船上后很容易结冰，而且冰会越结越厚，使船的重心上移，逐渐变得"头重脚轻"，最终导致翻船。怎么除冰呢？可以通过加热来除冰，这样要消耗燃料或电能；也可以让水手人工除冰，也许要增加额外的人员编制。还有更好的办法吗？让我们来看看这里有什么资源。首先这里有海水资源。然后是风把海水吹到船上来的，风也是资源。海水会结冰是因为气温远低于零度，所以气温和水温是资源，而且冰、结冰的过程、冰的累积过程也都是资源。得到的资源如下：

- 海风。
- 海水。
- 气温。
- 水温。

- 冰。
- 结冰的过程。
- 冰的累积过程。

逐个审视以上资源，不难发现，大海深处的海水温度是不低于零度的。更进一步可以想到，可以抽取大海里取之不尽用之不竭的免费海水来冲刷船上的冰。只要持续用海水冲刷冰块，形成一些水道，冰块就会整块掉落。后来，在北极航线的船都配备了高压水枪用于除冰。

在应用资源法时，可以从直接应用资源、间接应用资源、差动资源这三个方向去寻找资源。

直接应用资源

物质

建议优先从以下方面寻找物质资源：
- 系统或环境中的物体。
- 系统或环境中的原物料。
- 系统或环境中的在制品。
- 系统或环境中的废弃物。
- 系统或环境中的廉价物质。

场

通常包括：
- 机械场（mechanical field）。
- 热场（thermal field）。

- 化学场（chemical field）。
- 电场（electrical field）。
- 磁场（magnetic field）。
- 电磁场（electromagnetic field）。
- 核能（nuclear）。

功能

TRIZ 里对功能的定义为"A 改变或维持 B 的某个参数"。比如，伞改变雨水的运动方向，头盔改变子弹的运动方向。在寻找功能资源时应重点考虑以下两点：

- 让原系统或环境执行新的有用功能。
- 将原系统或环境的有害功能转为有益的用途。

空间

重点考虑存在于系统或环境的未使用空间，如：

- 物体之间的空间。
- 物体内的空间。
- 物体表面未被占用的空间。
- 被冗余系统组件或不需要的物体占用的空间。
- 尚未用到的其他空间维度（如反面）。

时间

- 系统运行前的时间。
- 系统运行中的时间。
  - 暂停。

- 闲置时间。
- 并行处理。
- 批处理。
- 交错处理。

● 系统运行结束后的时间。

信息

信息资源包括系统、子系统及其环境的任何信息，包括当前状态及其动态过程。

20 世纪 70 年代，心理学家艾伦·兰格和两位同事写了一篇论文，论文中描述了一个实验。一位研究人员坐在一张桌子旁，桌子上有一台复印机，复印机前有一队人正在排队等待复印。随后研究人员走向那些排队打印的人，对他们说："不好意思，我只有 5 页材料。我可以先使用这台机器吗？" 60% 的人允许他先用。面对拒绝他的那 40% 的人，这个研究人员继续请求："不好意思，我只有 5 页材料。我有急事，我可以先使用这台机器吗？"结果 94% 的人都同意了。在这个实验中，研究人员通过增加"有急事"这个信息，成功调动了排队者的同理心。排队者则通过"让这个有急事的人先用复印机"这个举手之劳但是"小有成就"（帮助了一个人）的付出而获得了一点让自己愉悦的多巴胺。

《货币战争》一书中记载了内森·罗斯柴尔德通过独家的信息资源狂赚 20 倍财富的故事。

1815 年 6 月 18 日，在比利时布鲁塞尔近郊展开的滑铁卢战役，不仅是拿破仑和威灵顿两支大军之间的生死决斗，也是成千上万投资者的巨大赌博，赢家将获得空前的财富，输家将损失惨重。伦敦股票交易市场的空气紧张到了极点，所有的人都在焦急地等待滑铁卢战役的最终结果。如果英国败了，英国公债的价格将跌进深渊；如果英国胜了，英国公债将冲上云霄。正当两支狭路相逢的大军进行着殊死战斗时，罗斯柴尔德的间谍们也在紧张地在两边的内部收集着尽可能准确的关于各种战况进展的情报。更多的间谍们随时负责把最新战况传送到离战场最近的罗斯柴尔德情报中转站。到傍晚时分，拿破仑的败局已定，一个名叫罗斯伍兹的罗斯柴尔德快信传递员亲眼看见了战况，他立刻骑快马奔向布鲁塞尔，然后转往奥斯坦德港。当罗斯伍兹跳上一艘具有特别通行证的罗斯柴尔德快船时，已经是深夜时分。这时英吉利海峡风急浪高，他在付了2 000法郎的费用之后，终于找到一个水手连夜帮他渡过了海峡。当他于6月19日清晨到达英国福克斯顿的岸边时，内森·罗斯柴尔德亲自等候在那里。内森快速打开信封，浏览了战报标题，然后策马直奔伦敦的股票交易所。

当内森快步进入股票交易所时，正在等待战报的焦急和激动的人群立刻安静下来。所有人的目光都注视着内森那张毫无表情高深莫测的脸。这时的内森放慢了脚步，走到自己的被称为"罗斯柴尔德支柱"的宝座上。此时他脸上的肌肉仿佛石雕一般没有丝毫情绪浮动。这时的交易大厅已经完全没有了往日的喧嚣，每一个人都把自己的富贵荣辱寄托在内森的眼神上。稍事片刻，内森冲着环伺在身边的罗斯柴尔德家族的交易员们递了一个深邃的眼色，大家立即一声不响地冲向交易台，开始抛售英国公债。大厅里立时就引起了一阵骚动，有些人开始交头接耳，更多的人仍然不知所措地站在原地。这时，相当于数十万美元的英国公债被猛然抛向市场，公债价格开始下滑，然后更大的抛单像海潮一般一波比一波猛烈，公债的价格开始崩溃。

这时的内森依然毫无表情地靠在他的宝座上。交易大厅里终于有人发出惊叫"罗斯柴尔德知道了！""罗斯柴尔德知道了！""威灵顿战败了！"所有的人立刻像触电一般醒过味来，抛售终于变成了恐慌。人在猛然失去理智的时候，跟随别人的行为成了一种自我强制性行为。每个人都想立刻抛掉手中已经毫无价值的英国公债，尽可能地留住一些残余不多的财富。经过几个小时的狂抛，英国公债票面价值仅剩下5%。

此时的内森像一开始一样，仍然是漠然地看着这一切。他以一种不是经过长期训练绝不可能读懂的眼神轻微地闪动了一下，但这次的信号完全不同。他身边的众多交易员立即扑向各自的交易台，开始买进市场上能见到的每一张英国公债。6月21日晚11点，威灵顿勋爵的信使亨利·波西（Henry Percy）终于到达了伦敦，消息是拿破仑大军在8个小时的苦战后被彻底打败了，损失了1/3的士兵，法国完了！

这个消息比内森的情报晚了整整一天！而内森在这一天之内，狂赚了20倍的金钱，超过拿破仑和威灵顿几十年战争中所得到的财富的总和！

间接应用资源

通过某种变换，使不能利用的资源成为可利用的资源，这种资源被称为间接应用资源。比如原材料、废弃物、空气等经过处理或变换都可在设计产品时采用，从而使不能利用的资源变成有用的资源。在变成有用资源的过程中，需要考虑以下物理状态变化或化学反应。

- 资源的转化：现有的资源可以经过转化变为新资源，如汽车尾气可以用来推动涡轮增压器，涡轮增压器实际上是一种空气压缩机，通过压缩空气来增加进气量，从而提升发动机功率。废气由此转化成了汽车动力。

- 资源的积累：使用一个装置增加一种资源的数量然后释放它，如敬器装满水后会自动翻转倒水。
- 结合资源：添加一种资源变成新资源，如给水中加盐以增加浮力。
- 集中资源：将场的效应集中在某资源上使其达到可用水平，或将所有的资源首先集中于最重要的动作或子系统，或将资源集中到特定的空间与时间，如好钢用在刀刃上。
- 进化资源：想象系统演化与资源的演化，如当 5G 技术大规模商业化后，其高可靠、低时延特性使许多工业物联网应用成为可能。
- 规模资源：改变资源特性的规模或大小，如测瓢虫的体温，可以抓很多瓢虫，装满一杯，然后把温度计插在杯子里测量。

差动资源

差动资源主要考虑利用资源及其参数的差异或动态性来实现特定功能。

差动物质资源

各向异性是指物质在不同的方向上物理特性不同，这种特性有时是在设计中实现某种功能的需要。

- 声学特性，如一个零件，由于其内部结构有所不同，表现出的声学特性不同，使超声探伤成为可能。
- 光学特性，如审讯室里常用的单向透视玻璃，被审讯者看不见玻璃后面的人。

- 电特性，如石英，只有当其晶体沿某一方向被切断时才具有压电效应。
- 几何特性，如只有符合尺寸要求的苹果才能通过自动分拣机，不能太大也不能太小。
- 力学特性，如劈柴时一般是沿最省力的方向劈。
- 化学特性，如晶体的腐蚀往往在有缺陷的位置首先发生。
- 不同材料特性，如铁磁材料混合物分拣，可通过逐步加热到不同物质的居里点[一]，然后用磁性分拣的方法将不同的物质分开。

差动场资源

利用场在系统中的不均匀可以在设计中实现某些新的功能。

- 梯度的利用，如烟囱效应，热空气密度低，在密度差的作用下沿着通道快速向上流动。
- 空气不均匀的应用，如为了改善工作条件，工人操作位置应处于声场强度低的位置。
- 场的值与标准值的偏差，如病人的脉搏与正常人不同，医生通过分析这种不同为病人看病。

差动信息资源

利用信息的不对称来达到自己的目的是全人类共有的技能。将军用之迷惑敌人，政客用之博取选票，商人用之赚取利润……大脑也用之节约能量。

[一] 居里点：指磁性材料中自发磁化强度降到零时的温度，是铁磁性或亚铁磁性物质转变成顺磁性物质的临界点。低于居里点温度时该物质成为铁磁体，此时和材料有关的磁场很难改变。当温度高于居里点时，该物质成为顺磁体，磁体的磁场很容易随周围磁场的改变而改变。

历史上，法拉第就曾经通过差动信息资源发现了电磁感应现象。这个发现起源于他闭合或打开开关时，磁针发生了摆动。

法拉第发现电磁感应

1831 年，人们知道了如何利用电产生磁。当然，做相反的事情应该也是可能的：用磁产生电。许多人尝试过，都失败了。法拉第发现，如果把沙子薄薄地铺在玻璃盘子上，敲击盘子的边缘，盘子里的振动就会让沙子变成美丽的图案。此外，还可以通过敲击附近的另一个盘子来使原盘子产生图案。附近盘子的振动通过空气引起原盘子的振动（共振）。法拉第猜测电和磁也可能是由类似于声音的波来传播的。为了验证这个想法，他在 1831 年夏天决定将两个电路连接起来，看看通过第一个电路发送电流是否会引起某种振动或波，这种振动或波会通过一个铁磁体在第二个电路中感应出电流。他委托人锻造了一个直径 6 英寸[一]的铁环，并在铁环的相对两侧缠绕了两个线圈。他把一个线圈连接到电池和开关上，形成主电路或发送器电路，其作用是使铁环磁化。他希望某种振动或波能够穿过铁环，在另一个线圈中感应出电流。另一个线圈由两根长电线连接到一个检流计上，检流计上有一根轻而平衡的磁针。如果有感应电流出现，他会看到磁针位置移动。

1831 年 8 月 29 日，一切都准备就绪。法拉第合上开关，看着磁针。磁针动了一下，但是经过短暂的颤动后，它又回到了静止的位置。现在，一个稳定的电流在初级电路中流动，但是在次级电路中完全没有发生任何事情：检流计的磁针保持静止。但是，当他把初级电流关断

[一] 1 英寸 =0.025 4 米。

时，磁针又一次颤动了，这次是往另外一个方向。还有一个奇怪的现象：磁针的运动方向表明次级电路中第一个电流脉冲与初级电路中的电流脉冲方向相反，但第二个电流脉冲与初级电路电流方向相同。法拉第在写给朋友的信中说："我最近忙于电磁学方面的研究，我认为我掌握了一个规律，但是现在还不能说出来，那可能仅仅是一根杂草而不是一条鱼。我后面还要努力试图解决这个问题。"这可不是一根杂草，而是找到了磁力发电的窍门，虽然这个电流微弱得可怜。除了在接通或断开电流来改变磁力影响的情况下能产生电以外，其他情况下都不会产生电。

到目前为止，已经验证了磁力能产生电，但也仅仅是由电磁铁产生。有可能用永磁铁来达到同样的效果吗？法拉第先是用 V 形永磁铁夹着一个包裹线圈的铁圆柱体实现了磁生电，后来又发现了一个更简单的办法。他把一个多匝线圈连接到检流计上，再把一个普通磁铁推入线圈内部，再拉出来，这时检流计的指针就会猛烈摆动。法拉第发现了一种最终会改变人们生活的东西——电磁感应。要在导线中发电，原则上要做的就是把它靠近磁铁，使导线和磁铁处于相对运动状态。

法拉第开启了获得廉价电力的可能性。但是脉冲式的电流还不够，实际应用需要的是一股连续不断的电流。这些短暂出现的电流是由线圈和磁铁的相对运动产生的。有可能设计出一种能产生稳定电流的平滑运动模式吗？借鉴阿拉戈铜盘实验，法拉第设计了一个新的铜盘。他把铜盘的边缘放在一个强力磁铁的两极之间的一个窄缝里。然后把检流计的一个触点接在铜盘中心，另一个触点放在铜盘边缘。他转动铜盘，看着指针。指针转动了，并且保持在新的位置上，表明铜盘产生了一个稳定微弱的电流。当铜盘向相反方向旋转时，指针也反向转动并保持角度。

法拉第成功了！在制造了世界上第一台电动机 10 年之后，他又制造了世界上第一台发电机。

资源分析案例

我们来看一个运用资源分析法解决问题的案例。现在很多产品都会上云，云化改造会涉及把原来在本地运行的程序改成在云端运行。我们的研发人员发现某一个设备在云化过程中性能大幅下降，为了提升性能，项目组就开始找原因，最后分析发现是有一个数组在更新的过程中做了一些重复的读写动作。数组简单来说就是一组数据，我们这里的数组有 16 组数据。数组的长度是固定的，有 16 个单元，每次更新的时候，我们会去掉第 1 个单元数据，把第 2 个单元的数据搬到第 1 个单元，再把第 3 个单元搬到第 2 个单元，依此类推，最后再把第 16 个单元搬到第 15 个单元，这样腾出来第 16 个单元，再写入新的内容，所以每次写入新的内容，程序都要执行 16 条指令。

后来项目组在分析时发现云化以后有一个很充足的资源，就是存储空间。云上的存储空间比单设备大了很多，就像大家现在用的网盘，存储空间都是非常大的。以前之所以设计成这种固定长度的数组，是因为我们都是用硬件实现数据储存的。硬件存储资源有限，所以我们只能限定数组长度。现在有免费的大量的这种存储空间的资源，我们就可以把这个数组的存储空间扩大。现在每次更新的时候就简单了，直接在现有的数组后面接上新来的数据就可以。比如，如果原来的数组处于第 1 单元到第 16 单元，我们就把数组的头指向第 2 个单元，在第 17 个单元写入新数据，这样第 2 个单元到第 17 个单元，就构成了新的 16 个单元的数组。之后的更新也依此类推。在这个过程中我们只需用两条指令，一个是写入新数据，另一个是改变数组的头单元，用 2 条指令代替原来的 16 条指令，简化了指令，进而让系统性能大幅度提升。回到资源分析法，这就是一个典型的利用空间资源的案例。

小结

人类大脑拥有的神经元数量远超其他物种，但不是每个人都能用好自己的这个资源。大脑会通过忽略一些不重要的事情而使我们专注在重要的事情上。其实，我们实际能调用的资源远比自己以为能使用的资源多得多。盘点所有和问题相关的资源，把每个资源项当作思考的焦点，我们就能找到一堆思考的焦点，通过"内求"来发掘创意。如果进一步把每个资源项的参数打开，就会有更多关键词。这就意味着我们有了更多的思考焦点，产生创意的机会也就更多。

寻找资源时，依次从直接应用资源、间接应用资源、差动资源三个方面入手。每个方面又可以从物质、场、功能、空间、时间、信息的维度展开。场的类别又包括机械场、热场、化学场、电场、磁场、电磁场、核能等。间接应用资源主要考虑通过某种变换，使不能利用的资源成为可利用的资源。差动资源主要考虑利用资源及其参数的差异或动态性来实现特定功能。

在通过找到的资源发想创意时，多考虑如何挖掘现有资源的新用途，特别是如何利用超系统里免费的资源来解决问题。第 5 章将详细讨论超系统的思维。

第 5 章

九宫格

"不识庐山真面目，只缘身在此山中。"想象一下自己的模样，是不是很多人的脑海里会浮现出镜子里的自我形象？实际上，稍微思考一下你就会发现：镜子里的我并不是真实的我，而是我的镜像，左右是反的。真实的自我形象是照片里那个我，也就是从他人的视角看到的我的形象。

很多时候，我们都局限在自己熟悉的认知范围内来解决问题，也就是在系统内来思考。在加加林飞出地球以前，人类是无法见识到圆形的地球的，更无法见识到太阳系的中心是太阳。所以，曾经有段时间，人类都是通过自己能看到的世界去定义整个宇宙的，以为地球是宇宙的中心，抬头看到的是天空，低头看到的是大地、海洋。直到麦哲伦船队完成环球航行，人们也只是接受了地球是个球这个事实。即便是个球，那也是宇宙中心。因为从地球的视角看出去，确实能看到太阳绕着地球转。但是，这个宇宙模型是有瑕疵的，甚至两千多年前就有人发现了。因为有一个很明显不正常的天象，没法用地球中心模型来解释。这个天象就是，有几颗星星在天空中的轨迹不是单方向运行的，它们会先倒退再前进。比如我们观察火星，每天晚上8点去绘制火星在天空中的位置，就会发现，它会先一天比一天前进一点，但是前进到某个位置后，它就会开始一天比一天倒退，当退到极限后，它又会重新开始一天天前进，直到我们再也看不到它。有人为了用地球中心模型来解释这个天象，甚至提出了更复杂的火星跳舞模型，认为火星除了绕着地球转，还会在自己的轨道上绕圈圈，跟跳探戈一样，绕一圈前进一点，再绕一圈又前进一点。这个火星跳舞模型显然是把问题复杂化了，无助于问题的解决。直到开普勒拿到了第谷的天文观测数据，才创造性地解决了这个问题。开普勒意识到，如果放弃地球是宇宙中心的想法就能解释这个天象了。他尝试了多种图形，最终找到了椭圆。如果把太阳放在椭圆的一个焦点上，那么地球的运行轨迹刚好是一个椭圆。不仅地球，连金星、水星、火星、木星、土星的运行轨道都符合以太阳为焦点的椭圆。这样，火星逆行的天象就可以得到合理的解释了，是火星和地球轨道速度的差异导致的。开普勒没有离开过地球，也没有看到过太阳系的全貌。但是，凭着这个从超系统视角得到的洞见，他成功提出了新的太阳系模型。他总结的三大定律也成为牛顿万有引力理论的基础。当我们遇到困境时，不妨跳出来，用超系统的视角来看待面临的问题，也许就会有新的解法。这就是九宫格方法给我们带来的新视角。

九宫格是什么

我们在解决问题时，总是习惯从现在的系统出发去思考解决方案。用一个模型来表示，就像图5-1。

现在的系统

图 5-1　一个格子

有经验的工程师可能对系统的各个组成部分都很清楚。于是，他就有可能用到子系统的资源来解决问题，如图5-2所示。

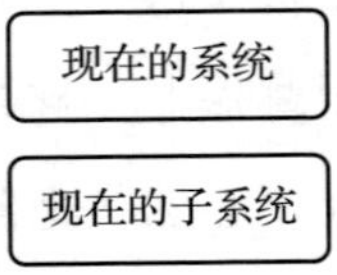

现在的系统

现在的子系统

图 5-2　两个格子

如果是一位更有经验的资深工程师来解决问题，他对于该系统的过去以及子系统的过去都有非常多的经验，于是他就拥有更多的资源来解决这个问题，如图 5-3 所示。

图 5-3　四个格子

九宫格（见图 5-4）这个工具给我们提供了 5 个新的格子来解决问题，它们分别是：未来的系统、未来的子系统、过去的超系统、现在的超系统、未来的超系统。

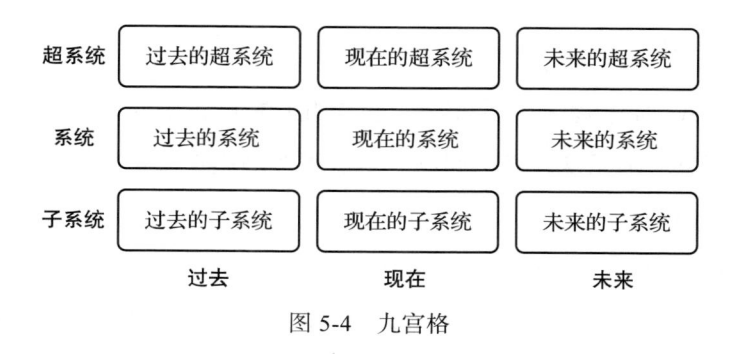

图 5-4　九宫格

以喷气式飞机为例（见图 5-5）。现在的系统是喷气式飞机，支撑它的现在的子系统是喷气式发动机，它能在万米高空这个现在的超系统中飞行；过去的系统是热气球，支撑热气球的过去的子系统是燃烧产生的热空气，热气球只能在低空这个过去的超系统中飞行；未来的系统可能是飞碟，飞碟使用的未来的子系统可能为反物质发动机，并且飞碟可以在整个宇宙中自由飞行，所以未来的超系统是宇宙。

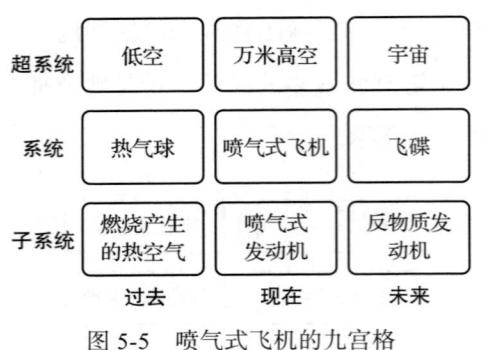

	过去	现在	未来
超系统	低空	万米高空	宇宙
系统	热气球	喷气式飞机	飞碟
子系统	燃烧产生的热空气	喷气式发动机	反物质发动机

图 5-5 喷气式飞机的九宫格

系统思维

现在的系统

这是我们最熟悉的一个格子，位于九宫格的正中间。通常，我们会在这里写下当前系统存在的问题。然后思考的焦点就是如何从系统层面消除这个问题。

比如，当前的问题如果是噪声过大，思考的方向就是如何降低噪声。可能的点子会有：增加挡板隔离噪声；加装类似手枪消音器的消音装置来消除噪声；采用类似降噪耳机的技术来降低噪声等。

过去的系统

有时候，不一定要在问题发生的当下来解决问题。如果能从过去的系统采取控制措施，也许会更有效。

五粮液推出了一款"永不分梨"的梨泡酒，白酒瓶里装了一颗取不出来的大梨。这是怎么做到的呢？就是等梨树开花结果之后，选择色相好，颜色好的小梨子，装进提前消杀好的酒瓶。透明的玻璃不影响梨的生长，让梨在瓶子里逐渐长大成熟，最后再装进白酒，上市售卖。这就是通过过去的系统产生的创意。

未来的系统

除了从过去的系统来解决问题，也可以到未来的系统解决问题。

1602年，荷兰东印度公司为了筹集资金开始发行股票，是世界上第一张股票的发行者。这一举措不仅为公司的运营和发展提供了必要的资金支持，而且为投资者提供了一种新的投资方式。股票、股份有限公司及用来交易股票的股市，已经成为现今社会必不可少的重要元素。东印度公司通过分享公司未来的收益来解决当前面临的资金短缺问题，这就是通过未来的系统产生的创意。

超系统思维

九宫格方法提倡多从超系统的角度来考虑问题，其思路不仅贴合当下流行的"打开格局"一说，也契合了人类几千年来一贯的解题套路。从超系统找到的解决方案，不仅能起到四两拨千斤的效果，甚至有机会达到类似《三体》里面降维攻击的效果。在刘慈欣的小说《三体》里面，太阳系就是被一个称为"二向箔"的武器实施降维攻击。"二向箔"直接把太阳系从三维系统变成了二维系统，太阳系从此消亡。

现在的超系统

在战国时代，秦国就曾经应用超系统思维赢得了长平之战。长平之战是中国古代军事史上规模最大的大型歼灭战之一。此战是秦、赵两国之间的战略决战，赵国经此一战元气大伤，加速了秦国统一中国的进程。战争初期，秦国大举进攻上党，赵国则派出老将廉颇进行防御。廉颇布置了三道防线：最外为空仓岭防线，中间为丹河东防线，后方为百里石长城防线。前两道防线很快被秦军攻破，但是廉颇依托百里石长城壁垒坚守不出，第三道防线成功阻挡了秦军三年之久。在这三年期间，双方合计投入兵力上百万，两国的国库都几乎打空，士兵的粮草都难以为继。为了突破这个僵持的局面，秦国实施了反间计。秦国间谍携带千金去赵国的都城邯郸开展游说，并散播流言："廉颇很容易对付，秦国最害怕的是马服君赵奢的儿子赵括。"原本赵国对廉颇长期消极防守的做法已经颇有意见，三年没有打过胜仗，几十万大军空耗粮草，再拖下去，粮草一旦中断，随时可能溃败。经过秦国间谍的挑拨离间，赵国决定用"纸上谈兵"的赵括换下廉颇。赵括新官上任三把火，开始谋划主动进攻。此时，秦国知道反间计成功，也把秦军主帅换成了战神白起。白起看准了赵括急于寻求秦军主力决战的心理，给赵括布了一个大口袋，然后佯装败退，引诱赵军一步步深入埋伏，最后再出一支奇兵绕到百里石长城后面攻占了这个廉颇守护了三年的防线。至此，赵军已经被完全包围。在没有粮草和援军的情况下，赵军坚持了四十多天后终于投降，秦军大胜。这场战役的转折点其实并不是发生在战场上，而是发生在超系统的邯郸城。秦国通过一个超系统的对策，成功更换了赵国的主帅，从而为后续的胜利创造了条件。

过去的超系统

如果说长平之战是在现在的超系统里实施了反间计，那么通用汽车公司则是到过去的超系统解决了一个客户的抱怨。这是一个发生在通用汽车的客户与该公司客服部间的真实故事。有一天通用汽车公司的庞蒂亚克（Pontiac）部门收到一封客户投诉信，上面是这样写的："这是我为了同一件事第二次写信给您，我不会怪您没有给我回信，因为我也觉得别人可能认为我疯了，但这的确是一个事实。我们家有一个习惯，就是我们每天在吃完晚餐后，都会以冰激凌来当我们的饭后甜点。由于冰激凌的口味很多，所以我们家每天在饭后才投票决定要吃哪一种口味，等大家决定后我就会开车去买。但自从最近我买了一部新的庞蒂亚克后，在我去买冰激凌的这段路程里问题就发生了。您知道吗？每当我买的冰激凌是香草口味时，我从店里出来车子就发动不起来。但如果我买的是其他口味，车子发动就很顺利。我要让您知道，我对这件事情是非常认真的，尽管这个问题听起来很愚蠢。为什么这部庞蒂亚克在我买了香草冰激凌时就发动不起来，而不管我什么时候买其他口味的冰激凌，它的发动就非常顺利？为什么？为什么？"

事实上庞蒂亚克的总经理对这封信还真的心存怀疑，但他还是派了一位工程师去一探究竟。当工程师去找这位客户时，很惊讶地发现这封信是出自一位事业成功、乐观且受了高等教育的人之手。工程师安排与这位客户见面的时间刚好是用完晚餐的时间，两人于是开车前往冰激凌店。那个晚上的投票结果是香草口味，当买好香草冰激凌回到车上后，车子又发动不起来了。这位工程师之后又依约来了三个晚上。第一晚，巧克力冰激凌，车子没事。第二晚，草莓冰激凌，车子也没事。第三晚，香草冰激凌，车子发动不起来。这位思考有逻辑的工程师，到这时还是不相信这位客户的车子对香草过敏。因此，他仍然不放弃，继续相同的行程，希望能够解决这个问题。工程师开始记下从开始所发生的种种详细资料，如时间、车子使用油的种类、车子开出及开回的时间……根据资料显示他有了一个结论：这位客户买香草冰激凌所花的时间比其他口味的要少。为什么呢？原因出在冰激凌店的内部设置上。因为，香草冰激凌是所有冰激凌口味中最畅销的，店家为了让顾客每次都能很快地取拿，将香草口味冰激凌特别分开陈列在单独的冰柜，并将冰柜放置在店的前端，其他口味冰激凌则放置在距离收银台较远的后端。现在，工程师所要知道的疑问是，为什么这部车会因为从熄火到重新激活之间的时间较短时就会发动不起来？原因很清楚，绝对不是因为香草冰激凌。工程师很快分析出，真凶是"蒸汽锁"。因为当这位客户买其他口味时，由于时间较久，引擎有足够的时间散热，重新发动时就没有太大的问题。但是买香草口味时，由于花的时间较短，引擎太热以至于还无法让"蒸汽锁"有足够的时间完成散热，于是汽车就无法发动了。

在这个故事中，汽车不能发动的表面原因是因为过去的超系统里发生了"购买香草口味冰激凌"这个事件，真正原因是过去的超系统里"购买香草口味冰激凌花费的时间太短"，结果导致现在的系统发生问题，出现蒸汽锁没有足够的时间散热而导致汽车无法发动。根因找到了，问题自然也就迎刃而解。

未来的超系统

除了现在的超系统和过去的超系统，从未来的超系统也能得到奇妙的创意。世界建筑大师格罗培斯设计了迪士尼乐园。经过 3 年的精心施工之后，终于要对外开放了，但是此时各个景点之间的路径方案还没有确定下来，他对路径做了几十次的修改，都没有得到满意的方案。于是，他决定放下手头的工作，去法国度假。格罗培斯的汽车在法国南部的乡间小路上奔驰着，这儿是著名的葡萄园区，到处都是居民们栽种的葡萄。当时很多葡萄园主将葡萄摘下来，然后提到路边，向过往车辆吆喝，但是很少有车子停下来。等到格罗培斯的车子拐入一个山谷的时候，却发现那儿停满了车。原来这个地方是一个无人葡萄园区，过往的行人只要在路旁的一个小箱子里投入 5 法郎，那么他就可以摘一整篮的葡萄上路。据说这个葡萄园是一个老婆婆的，她因为年迈体衰，所以想出了这样一个办法。刚开始她的葡萄总是卖不出去，但是现在她却是卖得最快的人。这位老婆婆的这种让人们自由选择的做法，使格罗培斯大受启发，他立即调转车头回了巴黎。等格罗培斯回到住处之后，他就给施工部拍了一份电报，上面写道："撒上草种，提前开放。"施工部按照格罗培斯的要求，开始在迪士尼乐园里撒种子，没过多久，小草都长出来了，整个乐园都被小草覆盖了。迪士尼乐园就这样提前开放了，草坪上没有路。随着游客们在园区内自由流动，草地上逐渐被踩出了很多小径，这些路有的宽、有的窄，显然都是游客们自己选择的最佳路径。第二年，格罗培斯让施工部门在被人们踩出的小径上铺设了人行道。1971年，迪士尼乐园的路径设计被伦敦国际园林建筑艺术研讨会评为"世界最佳设计"。在这个案例中，游园路径是系统，游客是超系统，未来的超系统就是未来的游客，他们希望在乐园的各个游乐设施间穿梭时能够最省时间。如果游园路径和未来游客设想的最佳路径不匹配，他们就会不满。从未来游客的视角出发，给一个草坪，让他们自己走出心中设想的最短路径，我们就知道游客心里的最佳路径了，这就是格罗培斯的创意。

子系统思维

现在的子系统

超系统思维让我们跳出系统,从外部视角来解决问题。有时候,钻到系统里面去,从子系统的层面来思考,也会有意想不到的效果。TRIZ 里面有一个特别的方法,叫智慧小人法,就特别有意思。

智慧小人法

智慧小人法(smart little people,SLP)让我们把每个子系统部件都想象成聪明的小人,这些聪明的小人就会自己解决问题。然后我们再把聪明小人的解决方案变成一个可以实现的技术方案,就得到了我们需要的技术解。

智慧小人法的使用步骤如下。

(1)在物体中划分出不能完成的、非兼容的、要求的部分(将问题的失效部分独立出来),假设用许多小人表示这部分。

(2)将小人依据不同的动作、功能或状态分组,依不同的情况进行操作表演(小人也可以找寻资源帮忙),得到小人的解决方案。

(3)将小人的解决方案转换成技术方案。

举一个阿奇舒勒在课堂演练时用到的例子。问题是这样的,有一根中空的管子,垂直放置;然后有一个金属球从管子里掉下去;在球掉落的过程中,会和管子侧壁上凸出来的一对触点接触,把这两个触点短路,实现一个开关合上的功能。自上而下总共有三对触点,随着球的掉落会依次导通,实现一个依次的开关控制。困难在于,为了保证接触的可靠性，触点要尽量伸出来，把球夹紧一点。但是夹太紧了也会造成球被卡在中间，下面的触点就无法导通，这也是不行的。用智慧小人法解决问题的第一步，我们先把球想象成一群小人，手拉着手在管道里往下走；然后再把每个触点想象成一个小人，当球来的时候，触点小人希望能把球抓住，这样保证接触良好；同时，代表球的小人则希望继续往下运动，不能被触点小人抓住。第二步，球小人既要被触点小人抓住，又不能被抓住，我们就可以得到一个点子，让那个已经被触点小人抓住的球小人留下，其余的球小人继续往下运动。这样，第一对触点小人抓住了两个球小人，然后第二对触点小人再抓住两个球小人，最后第三对触点小人抓住最后的一个球小人。这个是智慧小人的解决方案，球小人被分为三组，第一组最先留下，第二组其次，第三组到达最后一对触点。第三步是把小人解转换为技术解，三组球小人用三个嵌套在一起的金属圆环来实现，代替了原来的金属球。当碰到第一对触点时，最外层的圆环被触点挡住，就停在第一对触点上。而内层的两个圆环继续向下运动，当碰到第二对触点时，中间的圆环被挡住留下，内层圆环继续掉落。最后是内层圆环碰到第三对触点，实现第三对触点的导通。通过引入智慧小人的概念，智慧小人法让我们重新审视我们的子系统，赋予子系统灵魂，让子系统像人一样思考，从而得到巧妙的设计。

智慧小人法应用的技巧之一在于通过将子系统组件想象成智慧小人，可以突破日常的心理惯性，让一些原本认为不可能发生的事情成为可能。甚至一些颠覆物理规律的小人解决方案也不妨先记录下来，后续说不定能转换成一个合理的技术解。另外一个技巧则在于如何将小人解转换成技术解。这个过程需要充分发挥想象力，将现有的资源开发出新的用途，或者引入必要的新资源。

过去的子系统

如果我们足够仔细，往往能从过去的子系统发现一些问题暴发前的端倪。如果利用好这些信息，我们就可以预防重大事故的发生。

海因里希法则是1941年美国著名安全工程师海因里希从许多灾害中统计得出的。当时，海因里希统计了55万件机械事故，其中死亡、重伤事故1 666件，轻伤48 334件，其余则为无伤害事故。从而得出一个机械事故的比例，其中死亡或重伤、轻伤或故障以及无伤害事故的比例为1：29：300。国际上把这一法则叫海因里希法则，即每发生330起意外事件，会有300件未产生人员伤害，29件造成人员轻伤，1件导致重伤或死亡。

对于不同的生产过程、不同类型的事故，上述比例关系不一定相同，但这个统计规律说明了在重大事故发生前，在过去的子系统里，往往会有许多事故的苗头和未遂事故发生，只要我们重视这些苗头和未遂事故，及时将隐患清除，就可以防止重大事故的发生。

例如，某机械师企图用手把皮带挂到正在旋转的皮带轮上，因未使用拨皮带的杆，且站在摇晃的梯板上，又穿了一件宽大长袖的工作服，结果被皮带轮绞入碾死。事故调查结果表明，他这种上皮带方法的使用已有数年之久。查阅他过往四年的急救上药记录，发现他有33次手臂擦伤后治疗处理的记录，说明这个操作其实挺危险的。而且他手下的工人均佩服他手段高明，也说明他经常从事这个危险的操作。综合以上信息，如果他能够重视这些手臂擦伤，改变操作习惯，就可以避免死亡。

有时候，我们在审视过去的子系统时，一些"过时"的技术又会被翻出来重新加以利用。

为了保护宜居的地球，避免气候变化带来的严重影响，按照《巴黎协定》的要求，需要把全球气温升幅控制在工业革命前水平以上低于2℃之内。由此引发了全球对清洁能源应用的大幅增长。作为利用清洁能源的先锋，以特斯拉、比亚迪为代表的电动汽车逐渐在汽车市场受到青睐，销量大幅增长。

但是，当我们反过来翻看汽车工业的历史时，却发现电动汽车是早于燃油车的更古老车型。1834年，美国发明家托马斯·达文波特（Thomas Davenport）发明了世界上第一辆电动汽车。而世界上第一辆内燃机汽车直到1886年才问世。也就是说，在燃油车出现之前，电动汽车主导了整个汽车产业整整半个世纪。后来，随着内燃机技术的提高，燃油车的性能逐渐超越电动汽车，从而成为汽车界的主流。现在，为了降低碳排放，各汽车厂商开始寻找内燃机的替代方案。于是，古老的电动车又重新开始得到关注，从而带动了电池技术的发展。汽车厂商将"过去的子系统"电池重新升级后，目前电动汽车性价比已经逐渐逼近燃油车，有希望重新成为汽车市场的主流。

未来的子系统

车子在路上跑，总是会压到一些异物，比如钉子。如果压到的是钉子，会导致轮胎漏气，影响驾驶安全。车子是系统，轮胎是子系统。如果从未来的子系统角度思考如何解决这个问题，那就是要考虑压到钉子以后的轮胎如何自己修复或者根本就不会漏气。

米其林率先推出无气轮胎的原型。这种轮胎和传统的轮胎不同，它没有内胎，仅由多层橡胶和玻璃纤维的辐条组成。它的肋条使用橡胶制造，比较柔软，可以媲美充气轮胎的内胎。由于不需要充气，即使被钉子扎到也没有什么影响,有望提升驾驶安全性。

九宫格的运用

九宫格这个工具如何帮助我们产生创意点子呢?秘诀还是在于内求。在应用九宫格这个工具的过程中,我们其实就是把每个格子里的关键词作为一个思考的焦点,看看有没有点子产生。在我们逐一列出每个格子里面的资源、现象或问题时,每个关键词就会调出潜意识里和该关键词相关的记忆,触发某个点子。所以,在应用九宫格时,要尽可能地把每个格子里的相关信息都填写完整。填的关键词越多,能激发的点子也就越多。应用九宫格时通常容易犯的一个错误就是一上来就画九个小小的格子,然后填了几个关键词就把格子占满了,于是就停止补充关键词,最终只得到寥寥几个点子。实际上,九宫格给了我们九个维度来思考怎么解决问题,每个维度里面可以填任意多的关键词。千万不要让格子的大小限制了自己的想象力!

九宫格的使用步骤

九宫格的使用步骤如下。

(1)写下需要解决的问题,在"现在的系统"里写下和问题相关的系统。

(2)在九个格子里分别写下组件、资源、参数、现象、原因等和问题相关的元素。

(3)针对以上列出的每个元素,思考能否用于解决问题。如果产生了创意,则记录下来。

下面用一个案例看看如何应用九宫格工具来产生创意点子。问题发生在制药车间。液态的药水被密封在玻璃瓶里，然后将玻璃瓶装在盒子里进行发货。敞口的玻璃瓶先进入流水线，然后是灌装药水，接着是把玻璃瓶密封起来。密封的方式是加热，通过高温使玻璃瓶顶部的玻璃熔化，熔化后的玻璃瓶顶部合拢成一个整体，实现密封。但是，在加热过程中，热量会通过玻璃瓶壁传导到药水，导致药水升温，进而导致药水失效。我们看一下如何用九宫格来解决这个问题，如图5-6所示。

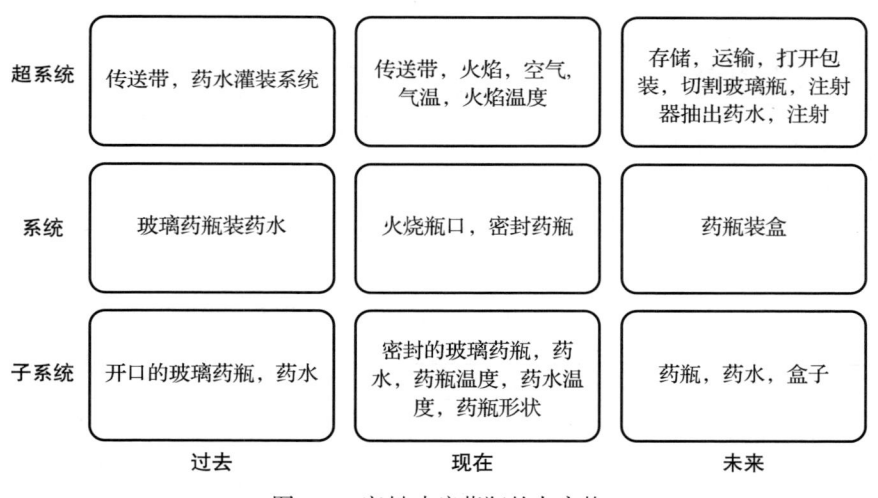

	过去	现在	未来
超系统	传送带，药水灌装系统	传送带，火焰，空气，气温，火焰温度	存储，运输，打开包装，切割玻璃瓶，注射器抽出药水，注射
系统	玻璃药瓶装药水	火烧瓶口，密封药瓶	药瓶装盒
子系统	开口的玻璃药瓶，药水	密封的玻璃药瓶，药水，药瓶温度，药水温度，药瓶形状	药瓶，药水，盒子

图 5-6 密封玻璃药瓶的九宫格

从以上九宫格中想到的点子如表5-1所示。

表 5-1 从密封玻璃药瓶的九宫格想到的点子

格子	关键词	点子
过去的超系统	药水灌装系统	1）在药水灌装完成后，往玻璃瓶里放干冰，干冰吸热汽化，可以防止热量传递给药水，同时也不会影响药水品质
现在的超系统	气温	2）把药瓶浸泡在冷水里，通过冷水冷却药瓶，防止药液升温 3）把环境温度调低，整个生产线放在冷库里

（续）

格子	关键词	点子
现在的超系统	火焰	4）去掉火焰，改用激光烧结，可以迅速熔化玻璃，并且精确控制加热时间和施加的热量，避免施加过多热量
	火焰温度	5）提高火焰温度，可以迅速熔化玻璃，缩短加热时间，避免热量传导至药液
	传送带	6）低温传送带。传送带是夹着玻璃药瓶前进的，将传送带冷却到一个较低的温度，可以起到冷却药瓶的作用
未来的超系统	切割玻璃瓶	7）不用切割玻璃瓶，用锡箔纸或橡胶做瓶盖，注射器可以直接插进去抽取药水
	注射器抽出药水	8）不用抽出药水，直接把注射器当药瓶，开发包含药水的一次性注射器，打开包装就可以注射
过去的系统	玻璃药瓶装药水	9）设计一个预封口的瓶子。比如在瓶口放一个玻璃球，灌装药水前要先把玻璃球吸起来，然后药水才能灌进去。后续包装时把玻璃球和药瓶裹紧在一起即可实现密封
现在的系统	火烧瓶口	10）不用玻璃药瓶，改用胶囊封装。注射器也改成换胶囊的结构，类似 Keurig 胶囊咖啡机
	密封药瓶	11）不用火烧，改成用瓶盖密封
未来的系统	药瓶装盒	12）不用密封玻璃药瓶，用盒子来实现密封。比如可以一盒装一瓶，直接把玻璃药瓶塑封起来
过去的子系统	开口的玻璃药瓶	13）把玻璃药瓶的开口改成细长口，用注射器把药水注入玻璃药瓶。细长口更容易熔合，可以缩短加热时间
现在的子系统	药瓶形状	14）把药瓶瓶口拉长，做成葫芦状，通过葫芦细腰实现隔热
	药水温度	15）预先冷冻药水，使药水处于较低的温度，可以抵抗一定的升温
	药瓶温度	16）预先冷冻药瓶，使药瓶处于较低的温度，可以抵抗一定的升温
未来的子系统	药水	17）给药水的有效性增加标识，有效的药水是透明的，失效的药水是浑浊或者有颜色的。这样可以把失效的药水瓶及时从产线上挑出来

九宫格的应用技巧

对于"超系统—系统—子系统"的维度，一般比较容易分清楚。只要把系统定义清楚，子系统、超系统自然就界定清楚了。但是，对于

"过去—现在—未来"的时间维度，通常容易搞混。推荐三种常用的时间维度。

（1）技术发展的趋势。

一般在新产品规划时会用这种九宫格。过去是上一代系统，现在是当前的系统，未来则是新规划的系统，如：4G—5G—6G。

当需要寻找解决问题可用的资源时，也可以画这种九宫格。先把过去的技术、未来的技术都列出来，然后看有哪些技术可以用于解决当前的问题。

（2）问题发生的时刻。

一般在解决问题时会按问题发生的前、中、后来进行九宫格分析，如：发生前—发生中—发生后。

（3）流程的顺序。

当问题的分析过程涉及流程时，也可以按流程的先后顺序来展开时间轴，如：供应商—华为—客户。

以上三种时间维度任选一种即可，保持过去和未来是同一套逻辑。在没有找到合适的内容进行填写时，宁可将该格子空着，也不要混用，以免造成逻辑混乱。

九宫格案例

有位技术专家之前学过TRIZ，后来升任另外一个部门的主管。一到新部门，他就接了个重要任务。原来，新部门是做安防摄像机的，其中有个产品叫黑光全彩摄像机，已经被友商控标好多年了，领导指定这位技术专家来攻克这个难题。安防摄像机是要全天候24小时进行人脸识别的。晚上没有光，怎么做人脸识别呢？那就是用两个传感器，一个可见光传感器，得到彩色图片，另一个是近红外光传感器，得到黑白图片。两张图片叠加在一起，就得到了一张高清全彩的图片，可以进行人脸识别。问题就出在两张图片叠加的时候，误差不能超过3个像素，否则就模糊了，不能进行人脸识别。友商为了解决这个误差问题，花了5年时间，搞出一个热胀冷缩小于10微米的高精度模组，业界只有它家性能最好，没有第二家能做到这个水平，价格就由他们说了算，所以是业界难题。好在这位专家学过TRIZ，就成立了TRIZ项目用九宫格来解决这个业界难题。

　　在用到九宫格这个工具的时候，他就得到了一个好点子。他先画下了如图5-7所示的九宫格，然后就想：两张图片的误差来自热胀冷缩，而热胀冷缩又是由温度变化引起的，我能不能直接通过温度得到误差的大小？也就是说，把温度和误差之间的关系做一个标定，做一个关系表，那就可以用软件算法来补偿误差了。要标定的话，可以通过拍摄一个已知长度的物体，数一下它有多少个像素，就可以知道热胀冷缩程度了。但是，这需要一个条件，有光才能准确标定，而晚上最缺的就是光。自然光是在超系统里，然后他的思路就跑到了过去的超系统，白天是有光的，可以做标定。可是，白天标定的数据在晚上能用吗？能。为什么？原来，一天温度最低点是天蒙蒙亮的时候，最高点是下午两点左右，也就是说，从天蒙蒙亮到下午两点这段时间都是有光的，可以做标定。他就通过九宫格找到了温度这个中介物，白天的温度动态范围是大于晚上的温度动态范围的，白天标定的数据可以覆盖晚上的需要。通过白天标定，晚上查表，他就把这个热胀冷缩的程度用一个算法给反算出来，解决了这个问题。当然，有时候会遇到降温等极端天气，项目组通过验证发现，该算法满足线性关系，于是做了一个线性的外推，把极端天气的场景也覆盖了。

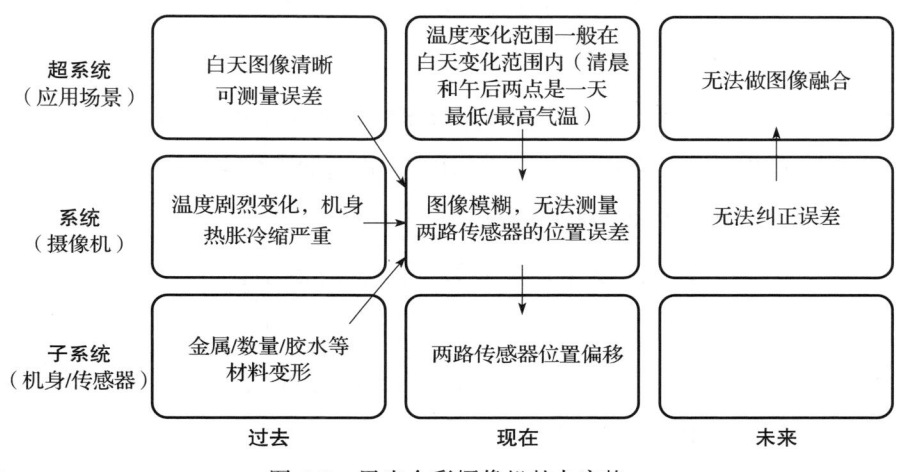

	过去	现在	未来
超系统（应用场景）	白天图像清晰可测量误差	温度变化范围一般在白天变化范围内（清晨和午后两点是一天最低/最高气温）	无法做图像融合
系统（摄像机）	温度剧烈变化，机身热胀冷缩严重	图像模糊，无法测量两路传感器的位置误差	无法纠正误差
子系统（机身/传感器）	金属/数量/胶水等材料变形	两路传感器位置偏移	

图 5-7 黑光全彩摄像机的九宫格

就这样，他们仅仅用了一个多月，就解决了这个业界难题。华为用一个成本低很多的模组，凭着这套算法，实现了性能的超越，比友商性能还好。所以，这就是超系统思维的一个应用，通过超系统找到了一个算法，用软件算法弥补了硬件的误差。

小结

九宫格让我们重新认识自己的系统，从超系统、子系统维度来训练我们的不同视角，并且从过去、未来的时间维度启发我们去寻找新的可能性。"山重水复疑无路，柳暗花明又一村。"当我们把那个重要的关键词写进九宫格时，一扇新的门就打开了，也许一个伟大的创意就此诞生。

从超系统找到的解决方案，不仅能起到四两拨千斤的效果，甚至有机会达到类似《三体》里面降维攻击的效果。从子系统找解决方案，可以结合智慧小人法进行。智慧小人法让我们重新审视我们的子系统，赋予子系统灵魂，让子系统像人一样思考，从而得到巧妙的设计。

有时候，不一定要从现在来解决问题，回到过去也许会有新的发现；或者从未来去寻找灵感，也有助于解决当下的问题。

九宫格的使用步骤：

1. 写下需要解决的问题，在"现在的系统"里写下和问题相关的系统。

2. 在九个格子里分别写下组件、资源、参数、现象、原因等和问题相关的元素。

3. 针对以上列出的每个元素，思考能否用于解决问题。如果产生了创意，则记录下来。

三种常用的时间维度：

1. 技术发展的趋势。

2. 问题发生的时刻。

3. 流程的顺序。

第6章

发明原则

苏联发明家根里奇·阿奇舒勒从小就爱钻研如何解决问题。在他 14 岁那年，他就申请了人生中第一个专利。当时，他在课堂上学习了双氧水分解会产生水和氧气。

$$2H_2O_2 \xrightarrow{MnO_2} 2H_2O + O_2 \uparrow$$

他就想：这不是能产生氧气吗？我可以用这个氧气来潜水啊。说干就干，他带了些双氧水回家，自己动手制作了一个氧气发生器。并且，他还戴着自己做的氧气发生器潜水去了。虽然这个设备比较粗糙，氧气纯度不够，导致他潜了不到 1 分钟就浮上来了，但这并不妨碍他把自己的氧气发生器申请了专利——"一种氧气发生装置"。

就是这样一位喜欢解题的人，帮助周围的人们解决了很多问题。后来，他加入苏联海军专利局工作。在阅读了大量的专利后，某一天他就顿悟了。他认为，这些写专利的人都很聪明，而且他们解决问题是有套路的，他把这些解题套路总结出来，就是发明原则。他希望，每个学习了这些发明原则的人都可以变得和他一样，变得擅长解决问题。其实最早的版本是几百个解题技巧，他叫"tricks"（中文译为"把戏"）。因为太多了不方便学习，他就逐步合并这些解题技巧，最终流传的版本就是 40 个发明原则，简称"40 发明原则"，也是 TRIZ 理论的基础。

TRIZ 是个缩写词，原文是发明问题解决理论。1946 年，阿奇舒勒第一次提出 TRIZ 理论，所以，它的原文是俄文。

Теория Решения Изобретательских Задач

后来，用英文音译俄文，就得到了下面的英文，首字母就是 T、R、I、Z，读音就是 [tri:z]。

Teoriya Resheniya Izobreatatelskikh Zadatch

意译得到的是 Theory of Inventive Problems Solving，意思是发明问题解决理论。所以，也有些书籍用 TIPS 作为缩写，但是不常见。

阿奇舒勒认为，有了方法以后，我们就可以避免使用试错法来创新。试错法的典型代表是爱迪生，他发明灯泡做了几千次实验，发明电池做了几万次实验。我们都熟悉他那句著名的话："天才就是 1% 的天赋加上 99% 的汗水。"为了大规模试错，爱迪生不仅做了几麻袋的笔记（记录点子），还开创了多功能团队的开发模式，让不同领域的专家在一起碰撞，产生所有可能的解决方案。当然，这种创新模式的效率是很低的。另一个极端的例子就是古德伊尔。他没有爱迪生资源丰富，只能一个人搞发明，所以，他一辈子就搞了一个发明，就是硫化橡胶。当然，这个发明很伟大，是现代工业的基础，给人类做了很大贡献。但是，他本人却没有从这个发明中赚到钱。他是借钱做发明，结果专利还被失效了，没有收到专利费，最终是欠了一屁股债走的。我们大部分工程师，一没有爱迪生那么资源丰富，可以随便试错；二也不能像古德伊尔那样投入一辈子的时间。怎么能够更有效率地实现创新呢？那就是用 TRIZ 方法。阿奇舒勒提出来："你能等 100 年得到启发，或者你能用发明原则在 15 分钟内解决问题。"他说的 100 年，指的就是像爱因斯坦这样的科学家，100 年才出一位。我们在工作中面临的大部分问题是工程技术问题，应该不需要动用到爱因斯坦这么聪明的大脑，靠 TRIZ 方法就能很好地解决。

我们来看一个案例。如果要给 100 万个青椒去籽，你会怎样做？

故事是这样的，外国人喜欢吃青椒，商店发现去籽、切好的青椒比较好卖，于是下了更多的订单让工厂去切。订单越来越大，一天要切 100 万个青椒，人工切不过来了，怎么办？你可以先想想。一般会想到开发一个自动化工具,把青椒籽掏出来,对吧?

有人申请了这样一个专利,就是把青椒装在一个密闭的容器里,缓慢加压,再快速降压(见图6-1)。我们知道果实都是透气的,在缓慢加压的过程中,高压气体会跑进这个青椒里面去。在加压完成后,最后再把盖子快速打开。在盖子打开的那一刻,青椒外面的压力突然变小,青椒里面的高压气体就会"砰"的一声,从最薄弱的地方(就是青椒蒂区域)喷出来,顺带就把这些青椒籽全带出来了。然后再做个机器批量清洗和切块即可,这样加工效率就大幅提升了。这就是利用缓慢加压、快速降压的方法去青椒籽的专利。

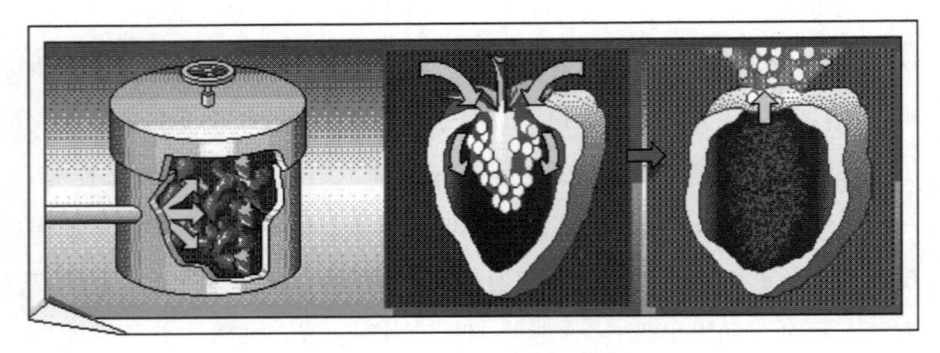

图6-1 去青椒籽专利示意图

后来又有人申请了用同样的方法去葵花籽壳的专利。我们都吃过去壳的葵花籽、西瓜子吧?有没有想过,这些葵花籽仁、西瓜子仁是怎么剥出来的?靠人工显然是不现实的,做个机器一个个嗑出来吗?其实也是用和青椒去籽一样的方法,缓慢加压,快速降压,在降压的过程中,葵花籽的壳就爆开了。还有清洗过滤器,也是通过缓慢加压、快速降压的方式,让脏东西被喷出来。在青椒去籽专利申请了27年以后,还有人用同样的方法申请了分离钻石的专利。钻石很贵重,分离钻石时沿着天然的缝隙分开就可以卖得最贵。但是，钻石是最硬的，只能用钻石去切钻石，万一把大块钻石切碎了，那就亏了。同样是运用缓慢加压、快速降压的方法，气体会进到钻石的缝隙里，然后就沿着原生钻石天然的缝隙把钻石分开了。如果申请分离钻石专利的这个人早一点知道青椒去籽的专利，那么他可能提前二十几年就能解决分离钻石的难题了，是不是？你看，同样的缓慢加压、快速降压，应用在不同领域可以解决不同的问题，青椒去籽是食品行业的，清洗过滤器是工业领域的，分离钻石是奢侈品行业的。各行各业居然在用同样的方法来解决问题，这个就是当年阿奇舒勒从这么多专利里看到的规律。把这些规律提炼出来，就是 TRIZ 理论的 40 个发明原则。缓慢加压、快速降压这个解题规律提炼出来就是发明原则 29——气压或液压。所以我们学 TRIZ，第一个就是学跨界思考，这 40 个发明原则都是从各行各业专利里面提炼出来的，天然就带了跨界的属性，有助于突破思维惯性，带来不一样的想法。

表 6-1 就是 40 个发明原则的全集，29 就是气压或液压，对应的就是青椒去籽这个专利。当年，阿奇舒勒带领苏联的专家们分析了几百万个专利，从中提炼出 50 万个代表性的专利，再浓缩为这 40 个发明原则。如果把 TRIZ 方法比作武功秘籍，这 40 个发明原则就像 40 个招数，可以启发我们的思考。对于我们的具体问题，这些发明原则的作用就类似于苹果对于牛顿的作用，都是外求的机会。

表 6-1　40 发明原则

1. 分割（Segmentation）	5. 结合 / 合并（Merge）
2. 抽取 / 分离（Taking out/Extraction）	6. 万用性（Universality）
3. 局部特性 / 品质（Local conditions/quality）	7. 套叠（Nesting）
4. 非对称（Asymmetry）	8. 平衡力（Weight compensation）

（续）

9. 预先反作用（Preliminary counteraction）	25. 自助（Self-service）
10. 预先动作（Preliminary action）	26. 复制（Copying）
11. 预先缓和（Beforehand cushioning）	27. 取代以便宜寿命短的对象（Cheap, short-lived objects/Cheap disposables）
12. 等位性（Equipotentiality）	28. 更换机械系统（Replacement of mechanical system）
13. 倒转／反向（Inversion）	29. 气压或液压（Pneumatics or hydraulics）
14. 球面化／曲面化（Spheroidality）	30. 弹性膜或薄膜（Flexible membrane or thin film）
15. 动态（Dynamics）	31. 多孔材料（Porous material）
16. 局部或过度的动作（Partial/excessive action）	32. 改变颜色（Changing color）
17. 改变到新的维度（Shift to new dimension）	33. 同质性（Homogeneity）
18. 机械振动（Mechanical vibration）	34. 抛弃和再生（Rejecting and regenerating）
19. 周期性动作（Periodic action）	35. 变化物理或化学状态（Parameter changes）
20. 有效动作的持续（Continuity of useful action）	36. 相变（Phase transition）
21. 快速通过（Rushing through）	37. 热膨胀（Thermal expansion）
22. 转有害为有益（Convert harm into benefit）	38. 强氧化剂（Accelerated oxidation）
23. 回馈（Feedback）	39. 惰性环境（Inert environment）
24. 中介物（Mediator）	40. 复合材料（Composite materials）

下面我们对这些发明原则逐个进行说明（部分发明原则在软件领域有专门的解读）。

原则 1：分割

分割原则是指虚拟或实际地将系统分割成几个部分。试着分割系统，以解决系统中最具挑战性的部分。通常在分割后会出现一些新的机会，对分割出来的各个部分可以差异化对待。分割原则不仅适用于物理概念，也可应用于非物理概念，如"分而治之"的策略。分割原则的具体表现如下。

a）将物体分割成独立的部分。

b）使物体分成可组合的部件（易于拆卸和组装）。

c）增加物体被分割的程度。

原则 2：抽取 / 分离

抽取 / 分离原则是从整个系统中分离出有害或有用的部分或特性。分离的方式可以是人为假想或实际分离。抽取 / 分离原则的具体表现如下。

a）将物体中"干扰"的部分或特性抽取出来。

b）只抽取物体中需要的部分或特性。

原则 3：局部特性 / 品质

局部特性 / 品质原则是改变特定区域内某种东西（气体、液体或固体）的特性，以获得所需要的功能。局部特性 / 品质原则的具体表现如下。

a）将物体或外部环境（动作）的同类结构转变成异类结构。

b）让物体的不同部分实现不同的功能。

c）物体的每个部分应放在最利于其运行的条件下。

原则 4：非对称

非对称原则是指可以先从目前系统设计为对称的原因开始评估，然后找出非对称设计的突破口。非对称原则的具体表现如下。

a）用非对称的形式代替对称的形式。

b）如果物体已经是非对称的，那么增加其非对称的程度。

原则 5：结合 / 合并

结合 / 合并原则是指将系统的功能、特性及组件重新整合，创造出新颖的特性。既可结合系统原本不存在的功能，创造出新的功能，也思考当前系统已有的功能，借由添加或合并新的物质、技术进入旧系统，以改进系统的功能。结合 / 合并原则的具体表现如下。

a）合并空间上同类或需相邻操作的物体。

b）合并时间上同类或相邻的操作。

原则 6：万用性

万用性原则是指增加系统功能，直至其无所不包。万用性原则的具体表现如下。

a）一个物体能实现多种功能，因此可以去掉冗余部件。

原则 7：套叠

套叠结构可使系统结合更紧密。使用者需要跳出"系统内部必定均匀一致"或"没有任何东西可以存在于系统内部"的思维限制，从不同的方向（如水平、垂直、旋转或包含）思考套叠结构。可应用套叠原则，将不同功能的系统以套叠方式整合成一个系统，具体表现如下。

a）将一个物体放到另一个物体中，再将这个物体放到第三个物体中，依此类推。

b）一个物体穿过另一个物体的空腔。

原则 8：平衡力

平衡力原则是以等量的方式补偿，寻找"使偏离的事情回归正途"的方法，以创造平衡。力学上常用空气升力、浮力等来抵消重力。这个原则不只应用于力学，也可应用于商业、人际关系或其他领域，通过对不利因素进行补偿以维持平衡。平衡力原则的具体表现如下。

a）通过与其他物体结合产生的升力来补偿物体的重量。

b）通过外部环境产生的气动力或液动力来补偿物体的重量。

发明原则 8 在软件领域的解读：

8. 补偿（Compensation）

a）将有害对象与执行相反作用的对象组合，以抵消有害对象的有害作用。

b）使有害对象与环境产生相互作用，以抵消有害对象的有害作用。

原则 9：预先反作用

预先反作用原则是指事先知道可能出错的地方，采取行动以消除、防范错误的发生。具体表现如下。

a）预先给物体施加反作用。

b）如果知道一个物体受到或将受到张力，可以事先给予反张力。

原则10：预先动作

预先动作原则是指在事件发生之前，预先行动。

预先动作和预先反作用的区别在于动作的结果。预先动作是把原本要执行的动作提前做了，不影响结果。而预先反作用是预先施加额外的反作用，用于抵消原系统可能产生的有害结果。预先动作原则的具体表现如下。

a）事先对物体的全部或部分实施必要的改变。

b）事先把物体放在最方便的位置，以便能立即投入使用。

原则11：预先缓和

没有完美可靠的事情，在复杂的系统中，可能会产生无法接受的失效。假如不能完全排除失效，事先准备降低影响程度或修复系统的应急措施就变得很重要。

预先缓和和预先反作用的不同点在于：预先反作用致力于消除失效，而预先缓和侧重于减轻失效带来的后果，就像安全气囊的原则是预先缓和，而安全带则是预先反作用。预先缓和原则的具体表现如下。

a）预先准备好相应的应急措施，以提高物体的可靠性。

原则12：等位性

等位性原则是指通过创造一个等位或等势的条件，使得功能或操作得以执行。具体表现如下。

a）改变工作条件，使得不必升高或降低物体。

原则 13：倒转 / 反向

倒转 / 反向原则是指逆向思考，以相反的方式行动。假如某事物以某特定方式构成或操作，可尝试通过相反的方式构成或操作。

物体的相反：不存在或相反的物体。

动作的相反：没有动作或相反的动作。

特征的相反：没有特征或相反的特征。

作用功能的相反：移除功能或产生相反的功能。

事件的相反：没有事件或相反的事件。

条件的相反：没有条件或相反的条件。

倒转 / 反向原则的具体表现如下。

a）找到通常的做法，然后反其道而行之。

b）使物体移动的部分变成静止的，或者静止的部分变成移动的。

c）把物体上下颠倒。

原则 14：球面化 / 曲面化

球面化 / 曲面化原则是指使用曲线或球面的性质，取代直线的性质。此原则不只跟几何特性有关，也可以扩展为从线性到非线性的转换。该原则的具体表现如下。

a）将直线变成曲线，将平面变成曲面，将方形变成球形。

b）利用滚筒、球体和螺旋体。

c）用旋转运动代替线性运动，利用离心现象。

发明原则 14 在软件领域的解读：

14. 环形结构（Circularity）

a）用环形结构代替直线结构。

原则 15：动态

该原则是指使系统状态或特性变成短暂、临时、可移动、可调整、具弹性或可变化的。该原则的具体表现如下。

a）改变物体或外部环境的特性，以便在操作的每个阶段都能提供最佳性能。

b）如果物体不能移动就让它移动，让物体各部分都可以相互移动。

c）把物体分成几个部分，它们能够改变彼此的相对位置。

原则 16：局部或过度的动作

在无法达到精确数量的状况下，此原则是十分有价值的。该原则是指探索以下方式以实现想要的结果。

尝试接受比正确用量更多的量。

尝试使用比正确用量更少的量。

考虑在使用较少的量之后，使用较多的量。

考虑在使用较多的量之后，使用较少的量。

接受过多的状况，选择性使用所需的部分，同时找一个方法，将过多的量转移到另一个系统或环境。该原则的具体表现如下。

a）如果得到规定效果的100%很难，那么就完成得多一些或少一些。

原则17：改变到新的维度

改变到新的维度包括升维和降维，类似九宫格的超系统思维和子系统思维。更广义的含义可以是换个角度看待当前系统，也许会有新的发现。该原则的具体表现如下。

a）把物体的动作、布局从一维变成二维，二维变成三维，依此类推。

b）利用物体不同级别的组合。

c）将物体倾斜或侧放。

d）使用给定表面的"另一面"。

e）将光线投射到邻近的区域，或者投射到物体的反面。

原则18：机械振动

该原则是指应用机械振动，或改变振动频率、振动方式。具体表现如下。

a）使用振动。

b）如果振动已经存在，那么增加其频率。

c）使用共振频率。

d）使用压电振动代替机械振动。

e）使用超声波振动和电磁场的结合。

发明原则 18 在软件领域的解读：

18. 随机化（Randomization）

a）对进程进行随机化处理。

b）对数据进行随机化处理。

原则 19：周期性动作

该原则是指改变施行作用的方式为周期性动作，以达成所要的结果。该原则具体表现如下。

a）用周期性动作或脉冲代替连续的动作。

b）如果动作已经是周期性的，则改变其频率。

c）利用脉动之间的停顿来执行额外的动作。

原则 20：有效动作的持续

该原则是指消除空闲和等待，使创造价值的动作持续开展。这个思想和丰田生产模式中的精益思想异曲同工。该原则具体表现如下。

a）连续实施动作不要中断，物体的所有部分应该一直处于满负荷工作状态。

b）去除所有空闲的、中间的动作。

c）用循环的动作代替往复的动作。

原则 21：快速通过

该原则是指假如某个操作出错不可避免，那就加快速度，降低有害影响。该原则具体表现如下。

a）非常快速地实施有害的或危险的操作。

原则 22：转有害为有益

该原则是指想办法利用存在的有害因素增加价值。大自然没有定义孰为好坏，有用与有害的定义来自人类在某一时间点对该功能的解释。因此，要用好这个原则必须改变态度，重新审视系统或环境中的有害因素，思考如何利用它以产生价值。该原则具体表现如下。

a）利用有害的因素（特别是环境中的）获得积极的效果。

b）通过与另一个有害因素结合，来消除一个有害因素。

c）增加有害因素到一定程度，使之不再有害。

原则 23：回馈

该原则是指将系统的输出转回系统内部作为输入，可改进输出的控制。该原则具体表现如下。

a）引入反馈。

b）如果已经有反馈，那么改变它。

原则 24：中介物

该原则是指使用可轻易移除的中间介质或程序。在彼此不容的团体、事件或条件中，加入暂时性的联结。该原则具体表现如下。

a）使用中间物体来传递或者执行一个动作。

b）临时把初始物体和另一个容易移走的物体结合。

原则 25：自助

该原则是指通过增强系统的自我服务能力来规避环境中的不利因素。该原则具体表现如下。

a）物体在实施辅助和维修操作时，必须能自我服务。

b）利用废弃的材料和能量。

原则 26：复制

该原则是指利用复制品或模型取代贵重的系统。除了物理模型外，计算机建模、数学方式、流程图或其他的模型都可以作为复制品。该原则具体表现如下。

a）用简化的、便宜的复制品来代替易碎的或不方便操作的物体。

b）如果已经使用了可见光的复制品，那么使用红外光或紫外光的复制品。

c）用光学图像代替物体或系统，然后缩小或放大它。

原则 27：取代以便宜寿命短的对象

取代以便宜寿命短的对象包含两个含义："便宜"是指用低成本的系统取代原系统；"寿命短"通常是指用一次性用品取代原系统。该原则具体表现如下。

a）用廉价物品替代昂贵物品，在某些属性上做出妥协（例如使用寿命）。

原则 28：更换机械系统

该原则是指考虑使用热、化学、电场、磁场或电磁场取代机械场。该原则具体表现如下。

a）用光、声、热系统代替机械系统。

b）用电、磁或电磁场来与物体交互作用。

c）用移动场代替静止场，用随时间变化的场代替固定场，用结构化的场代替随机场。

发明原则 28 在软件领域的解读：

28. 改变相互作用类型（Change the Type of Interaction）

a）改变对象间的相互作用类型。

b）用动态关系代替静态关系，用结构化数据代替非结构化数据。

原则 29：气压或液压

该原则是指利用气体或液体组件可压缩或不可压缩的性质改进系

统。该原则具体表现如下。

a）用气态或液态部件来代替固态部件。可以用空气或水，也可以用气垫或水垫使这些部件膨胀。

发明原则 29 在软件领域的解读：

29. 改变自由度（Change the Degree of Freedom）

a）改变对象的自由度。

原则 30：弹性膜或薄膜

该原则是指评估系统内的传统组件，以何种形式的薄膜可以改进制程、降低成本或增加可靠度。考虑如何用薄膜将问题从环境中隔离出来。该原则具体表现如下。

a）用弹性膜或薄膜代替常用的结构。

b）用弹性膜或薄膜将物体与它的外部环境分隔开。

发明原则 30 在软件领域的解读：

30. 弹性封装与隔离层（Flexible Shells and Isolating Layers）

a）改变边界条件。

b）通过弹性封装或隔离层把一个对象从其所在环境中隔离开。

原则 31：多孔材料

该原则是指利用多孔材料的微观结构来增强系统功能。多孔材料提供了多出来的孔隙空间、孔壁上多出来的表面积以及将填充物分割成小份的功能。进一步可扩展为任何包含孔隙的概念，如时间的间隙、规则的漏洞等。该原则具体表现如下。

a）让物体变成多孔的，或使用辅助的多孔部件（如插入、覆盖等）。

b）如果一个物体已经是多孔的，那么事先往孔里填充某种物质。

发明原则 31 在软件领域的解读：

31. 孔洞（Holes）

a）在对象内增加孔洞。

b）利用已有的孔洞。

原则 32：改变颜色

该原则是指改变物体或系统的颜色，以增加系统的价值或能及时发现问题。该原则具体表现如下。

a）改变物体或其环境的颜色。

b）改变物体或其环境的透明度。

c）对于难以看到的物体或过程，使用颜色添加剂来观测。

d）如果已经使用了颜色添加剂，那么可以使用发光追踪或原子追踪。

发明原则 32 在软件领域的解读：

32. 改变数据呈现形式（Data Presentation Change）

a）改变数据的呈现形式，以实现最高效的数据处理。

原则 33：同质性

该原则是指假如两种或两种以上的物体彼此产生交互作用，它们应由性质相同或相近的材料构成。该原则具体表现如下。

a）与主物体交互的物体，应该由主物体的同种材料（或是具有相似属性的材料）制成。

原则 34：抛弃和再生

抛弃和再生是两个概念。抛弃是从系统中移除某些不再需要的组件。再生是在系统中恢复某些组件，以供再度使用。该原则具体表现如下。

a）物体的部件在完成其功能，或者变得没用之后，就被扔掉（丢弃、溶解、挥发等），或者在工作过程中已经改变。

b）物体已经用掉的部件应该在工作期间恢复。

原则 35：变化物理或化学状态

该原则是指改变系统或组件的物理或化学特性以增加有用功能或消除有害结果。该原则具体表现如下。

a）改变系统的物理状态。

b）改变浓度或密度。

c）改变柔韧程度。

d）改变温度或体积。

发明原则 35 在软件领域的解读：

35. 改变参数（Parameter Changes）

a）改变对象的状态（如静态、动态等）。

b）改变数据格式。

c）改变柔性。

原则 36：相变

典型的相变包括：气体变液体，或液体变气体；液体变固体，或固体变液体；气体变固体，或固体变气体。

相变原则是通常利用这些相变带来的产生气体、吸热或放热、体积变化等效应来产生有用的功能。该原则具体表现如下。

a）利用固、液、气的状态转换来实现一个有用的功能。

发明原则 36 在软件领域的解读：

36. 相变（Phase Transition）

a）利用相变过程中发生的现象（如数据量的变化）。

原则 37：热膨胀

该原则是指将热能转变成机械能或机械动作。热膨胀可以是正面或负面的作用，寻找用热使材料膨胀或收缩的方法。该原则具体表现如下。

a）改变材料的温度，利用其膨胀或收缩效应。

b）利用具有不同膨胀系数的多种材料。

发明原则 37 在软件领域的解读：

37. 按需扩展（On-demand Expansion）

a）对资源进行按需扩展。

b）如果已经使用了按需扩展，则对不同部分进行不同程度的扩展。

原则 38：强氧化剂

该原则是指利用氧化提高作用或效能。在非物理系统中，"氧化剂"可以是任何加入的组件，可以促成整个程序的加速或活化。该原则具体表现如下。

a）从环境的空气到氧化的空气。

b）从氧化的空气到纯氧。

c）从纯氧到电离的氧气。

d）从电离的氧气到臭氧化的氧气。

e）从臭氧化的氧气到臭氧。

f）从臭氧到单态氧。

发明原则 38 在软件领域的解读：

38. 主动对象（Active Objects）

a）使用能够提供比现有互动更密集的互动的对象。

原则 39：惰性环境

该原则是指产生一种惰性的氛围或环境，以支持想要实现的功能。该原则具体表现如下。

a）用惰性环境代替通常环境。

b）往物体中增加中性物质或添加剂。

c）在真空中实施过程。

原则 40：复合材料

该原则是指改变均匀的材料结构成为复合结构。评估对于某一特定问题特别重要的结构或情境，假如目前材料或状况是均质的，考虑使它成为多层结构；假如结构或状况是多层的，但是某一层是均质的，考虑如何改变此均质层。这个原则更广泛的观点是考虑改变组成成分。"复合"的对象通常是材料，也可以是状况。组织层面可以考虑引进不同类型的人才。该原则具体表现如下。

a）用复合材料代替同性质的材料。

发明原则 40 在软件领域的解读：

40. 复合材料（Composite Materials）

a）用复合对象代替同性质的对象。

小结　　这 40 个发明原则是从各行各业的专利中萃取出来的共性解题思路。对于我们面临的具体问题，这些跨界的发明原则就像 40 个牛顿的"苹果"，都是外求的机会。TRIZ 理论源于跨界的专利，所以，跨界思考也是 TRIZ 理论的一个核心理念。或者说，学习 TRIZ 的第一件事情就是学会跨领域借鉴。下一章将结合矛盾矩阵来讲发明原则的运用。

第 7 章

矛盾理论

根里奇·阿奇舒勒在专利中发现的不仅仅是发明原则，还有矛盾理论。阿奇舒勒认为，每个专利都是用某个发明原则解决了一对矛盾。比如，如果要让汽车省油，工程师的做法通常是给汽车减重，采取的对策可能是钢材用少一点，结果就造成钢板变薄、强度下降，汽车不耐撞，安全性降低。在这个例子里，省油和车体强度之间就是一对矛盾。如果找到一个新方法，能够既省油，车体强度又不下降，可能就是一个新发明，可以申请专利了。阿奇舒勒带领苏联的 1 500 多名专家分析了 250 万个专利，从中提炼出一个超级大表格——39×39 矛盾矩阵。在这个矛盾矩阵中，纵轴是改善的参数，横轴是恶化的参数，二者的交叉点就是解决这一对矛盾时被调用最多的几个发明原则。一个格子最多推荐四个发明原则，表示解决此类矛盾这四个发明原则最常用。也有推荐三个、二个或一个的，甚至有部分格子是空白的。空白的格子表示此类矛盾没有特别常用的发明原则，那就 40 个发明原则都可以使用。

技术矛盾

汽车省油和车体强度之间的矛盾并不罕见。我们在解决问题的时候，常常会遇到"按下葫芦浮起瓢"的情况，在改善一方面的同时，却带来另一方面的恶化。阿奇舒勒称这种两个参数之间的矛盾为技术矛盾。

描述技术矛盾的模板

我想通过做＿＿＿＿＿＿，以使得＿＿＿＿＿＿得到改善，但是我不能，因为这样会使得_____恶化。

也可以用一个跷跷板模型（见图 7-1）来表达。

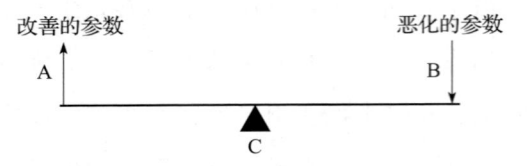

图 7-1　技术矛盾的跷跷板模型

C 是当前的措施，这个措施会使得 A 参数得到改善，但是会使得 B 参数恶化。这样我们就提炼出一个技术矛盾。

我们来看一个矛盾矩阵的应用案例，举一个 5G 基站的例子。问题的背景是：我们要做一个一体化天线，把波导移相器做到天线上面去，这样可以提高集成度，客户会喜欢。可是，在一体化的过程中就遇到了一个困难。原来，移相器的电磁波是 E 面的，而天线的电磁波是 H 面的，两者方向不同，信号不能直接传过去，如果要实现一体化就要加个转接头，先把信号导到转接头上，然后再从转接头导到天线上，这样就实现了一体化。但是多了这个转接头以后，就会占用一定的空间，会增加每个天线单元的尺寸。并且，5G 天线是一个天线阵列，有上百个这样的天线单元，如果每一个都加一个转接头，整个天线阵列的体积就会变得很庞大。

我们将这个问题的矛盾提炼出来，用技术矛盾描述的模板来描述就是：

我想通过使用转接头，以使得一体化得以实现（形状）得到改善，但是我不能，因为这样会使得天线体积变大恶化。

39 工程参数

常用的工程参数有 39 个，如下所示。

（1）移动物体的重量（Weight of moving object）。

这是指在重力场中移动物体所受到的重力。移动物体是指会自行改变位置，或者受到外力会改变位置的物体；而重量则是来自重力。

（2）静止物体的重量（Weight of non-moving object）。

这是指在重力场中静止物体所受到的重力。静止物体是指不会自行改变位置，或者受到外力也不会改变位置的物体；而重量则是来自重力。

（3）移动物体的长度（Length of moving object）。

这是指移动物体的任意线性尺寸，不一定是最长的。长度是指移动物体的一维量测量，如长、宽、高等。

（4）静止物体的长度（Length of non-moving object）。

这是指静止物体的任意线性尺寸，不一定是最长的。长度是指静止物体的一维量测量，如长、宽、高等。

（5）移动物体的面积（Area of moving object）。

这是指移动物体内部或外部所具有的表面或部分表面的面积。面积是指移动物体内部或者外部的任意二维尺寸。

（6）静止物体的面积（Area of non-moving object）。

这是指静止物体内部或外部所具有的表面或部分表面的面积。面积是指静止物体内部或者外部的任意二维尺寸。

（7）移动物体的体积（Volume of moving object）。

这是指移动物体所占有的空间大小。体积是指移动物体的三维尺寸。

（8）静止物体的体积（Volume of non-moving object）。

这是指静止物体所占有的空间大小。体积是指静止物体的三维尺寸。

（9）速度（Speed）。

这是指一个物体的速度，即物体运动的方向和位置变化的快慢。一个动作或一个过程的时间快慢或速率。

（10）力（Force）。

这是指两个系统之间的相互作用，试图改变物体状态的任何作用，即改变物体或系统的状态，或者产生部分或完全的、暂时或永久物理变化的能力。

（11）压强或张力（Stress or pressure）。

这是指单位面积上的力，即作用在物体上的压力或应力。

（12）形状（Shape）。

这是指物体或系统的外观或轮廓。

（13）物体的稳定性（Stability of the object's composition）。

这是指系统的完整性及系统组成部分之间的关系，磨损、化学分解及拆卸都会降低稳定性，即整个物体或系统，为了抵抗因为相关对象之间的互动，致使本身产生改变的能力。

（14）强度（Strength）。

这是指物体对外力作用的抵抗程度，即物体抵抗外力而使其本身不被破坏的能力。

（15）移动物体的作用时间（Durability of moving object）。

这是指移动物体完成规定动作的时间、服务期，即移动物体可以运作的时间长短，亦即物体失去机能前的寿命。

（16）静止物体的作用时间（Durability of non-moving object）。

这是指静止物体完成规定动作的时间、服务期，即静止物体可以运作的时间长短，亦即物体失去机能前的寿命。

（17）温度（Temperature）。

这是指物体或系统所处的热状态，包括其他热参数，如影响改变温度变化速度的热量，即系统运作时，热状态的变化情形。

（18）亮度（Illumination intensity）。

这是指单位面积上的光通量，系统的光照特性，如亮度、光线质量、照明强度、照明质量和各种光的特性。

（19）移动物体消耗的能量（Use of energy by moving object）。

这是指移动物体在作用期间所耗费的能量。能量是物体做功的一种度量。

（20）静止物体消耗的能量（Use of energy by stationary object）。

这是指静止物体在作用期间所耗费的能量。能量是物体做功的一种度量。

（21）功率（Power）。

这是指单位时间内所做的功，即利用能力的速度，也即系统使用能量的速率。

（22）能量损耗（Loss of energy）。

这是指浪费的能量，即对系统或物体本身运作并没有贡献却会消耗的能量。

（23）物质损耗（Loss of substance）。

这是指部分或全部、永久或临时的材料、组件或子系统等物质的损失，即对系统或物体本身运作并没有贡献却会消耗的物质。

（24）信息损耗（Loss of information）。

这是指部分或全部、永久或临时的数据损失，即资料或者系统输入项的遗漏。

（25）时间损耗（Loss of time）。

这是指一项活动所延续的时间间隔，改进时间的损失，即减少一项活动所花费的时间，也是完成一个指定的运作所额外耗费的时间。

（26）物质的数量（Quantity of substance/the matter）。

这是指材料、组件及子系统等的数量，它们可以部分或全部、临时或永久地被改变，即制造一个对象所需要的组件或物质的数与量。

（27）可靠性（Reliability）。

这是指系统在规定的方法及状态下完成规定功能的能力，即物体或系统能够正常执行其功能的能力。

（28）测量准确性（Measurement accuracy）。

这是指系统或物体性质所量测到的值，与其实际值接近的程度，即系统特征的实测值与实际值之间的误差，减少误差将提高测试精度。

（29）制造精度（Manufacturing precision）。

这是指系统或物体的实际性能与所需性能之间的误差，即系统或物体本身的真实特性，与规范的或需求的设计特性接近的程度。

（30）作用于物体的有害因素（Object-affected harmful factors）。

这是指物体对受外部或环境中的有害因素作用的敏感程度，即因作用于物体或系统外部的影响力，而造成系统效率或质量的降低。

（31）有害的副作用（Object-generated harmful factors）。

这是指有害因素将降低物体或系统的效率，或完成功能的质量，即造成系统效率或质量降低的不良影响。

（32）可制造性（Ease of manufacture）。

这是指物体或系统制造过程中简单、方便的程度，即物体或系统在制造上的容易程度。

（33）可操作性（Ease of operation）。

这是指要完成的操作应需要较少的操作者、较少的步骤以及使用尽可能简单的工具，即物体或系统在使用或操作上的容易程度。

（34）可维护性（Ease of repair）。

这是指对于系统可能出现失误所进行的维护要时间短、方便和简单，即物体或系统在出现损坏故障后，容易修护与恢复功能的程度。

（35）适应性（Adaptability or versatility）。

这是指物体或系统响应外部变化的能力，或应用于不同条件下的能力，即系统或物体对于外在条件改变后，仍能正面响应。

（36）系统的复杂度（Device complexity）。

这是指系统中组件的数目及多样性，掌握系统的难易程度是其复杂度的一种度量。系统的复杂度还包括构成物体或系统的组件数量，以及组件间彼此的差异性。

（37）控制和测量的复杂度（Difficulty of detecting and measuring）。

这是指系统复杂、成本高、需要较长的时间建造及使用，监控或测试困难，测试精度高，也可指用于测量或操作系统所需的组件数量与差异性。

（38）自动化程度（Extent of automation）。

这是指系统或物体在无人操作的情况下完成任务的能力，即物体或系统执行操作，不需要人控制的程度。

（39）产能（Productivity）。

这是指在单位时间内完成的功能或操作数，即在单位时间内，系统或物体完成执行指定动作的次数。

39×39 矛盾矩阵

从问题中提炼出技术矛盾，找到改善的参数和恶化的参数，我们就可以查询矛盾矩阵了。其中，改善的参数查询纵轴，恶化的参数查询横轴，二者的交叉点就是矛盾矩阵推荐的解决此类矛盾最常用的发明原则。一般推荐 1～4 个发明原则。应用这些发明原则，就可以帮助我们启发创意，快速得到解决方案。

接着前面 5G 天线的例子。技术矛盾描述如下：

我想通过使用转接头，以使得一体化得以实现（形状）得到改善，但是我不能，因为这样会使得天线体积变大恶化。

提炼出来的矛盾参数是：一体化改善的参数是转接头的"形状"，让它更美观。但是恶化的是"静止物体的体积"，这个是我们不希望的。

对照 39×39 矛盾矩阵（见图 7-2），我们找到改善的参数为"12. 形状"，恶化的参数为"8. 静止物体的体积"。

代入到矛盾矩阵，改善的参数查纵轴，恶化的参数查横轴，在两个轴的交叉点，就查到了矛盾矩阵给我们推荐的发明原则，它们分别是：原则 7：套叠、原则 2：抽取/分离、原则 35：变化物理或化学状态。

这里推荐一个小工具，你如果有安卓手机，可以下载一个华为应用市场，在华为应用市场里面搜索"TRIZ"，就可以找到一个名字就叫作"TRIZ"的 app，也可以查询矛盾矩阵。接着我们上面的例子，点里面的 39×39 矛盾矩阵，然后改善的参数选"12. 形状"，恶化的参数选"8. 静止物体的体积"，就能看到推荐的发明原则 7，2，35。

项目组就根据这三个发明原则，分别去想了一些点子。我们直接来讲真正落地的这个可用点子，就是采用的"原则 7：套叠"，套叠的意思，你可以点"7-套叠"那个按钮进去看看说明。套叠就像我们常见的"俄罗斯套娃"，一个套一个，或者像超市的购物车放在一起的时候也可以一个套一个。

项目组是怎么用这个发明原则的呢？我们有三种套法，一是把转接头塞到天线里，二是把转接头塞到移相器里，三是两边各塞一半。项目组就选择了两边各塞一半。原来，电磁波的传播有两种方式，一种是空间传播，一种是介质传播，先前的转接头用的是空间传播方式，要占用一定空间，所以体积过大，现在改成介质传播方式。他们就做了一个小电路板，将它的一端插在天线上，另一端插在移相器里，信号先从移相器传递到电路板上的微带线上，再通过微带线传递到天线上，天线和移相器之间就省掉了原来转接头的空间，缝隙间距为0，这样波导移相器和天线既实现了一体化，天线整体的体积也比原来缩小了35%。

矛盾矩阵使用技巧

（1）同一个问题，矛盾点可能不止一个，先聚焦主要矛盾，逐一解决。

这一点在后面的问题建模部分会再详细展开，即如何从一个复杂问题中提炼出一个或多个矛盾。通过功能模型图可以快速准确地识别系统中存在的各种矛盾，然后再逐一解决。

（2）同一个矛盾陈述对应的参数可能有多个，可以把各种参数组合都查一遍，出现频次高的发明原则优先考虑。

当我们将矛盾对应到参数时，可能会发现有多个参数都可以匹配。此时的建议是把多个参数都进行组合查询，这样会得到更多的发明原则。如果发现有个别发明原则重复出现，则可以优先考虑应用这个发明原则。

（3）新点子有时会带来新问题，可以针对二次问题再去想办法解决。

一个问题的解决往往不是一蹴而就的。我们在实施一个新点子的过程中，往往又会遇到新的问题，这种问题我们称为二次问题。如果确定大的方向可行无误，下一步就要着手解决此类二次问题。直到把所有的问题全部解决，新的点子才可能真正实施落地。

物理矛盾

技术矛盾是两个参数之间的矛盾。如果你足够细心的话，会发现矛盾矩阵的对角线上全部都是"＋"号，没有推荐的发明原则。这些就是物理矛盾。物理矛盾是同一个参数之间的矛盾，是对这个参数相反的需求。比如：既要大又要小、既要快又要慢、既要软又要硬。

提炼物理矛盾的步骤

（1）指定技术系统的组成（系统的组成部分）。

（2）确定系统必须满足的某一项需求。

（3）为满足上述要求，系统某部分必须：执行某种动作 / 处于某种物理状态 / 拥有某种属性 / 某参数必须处于某种参数值。

（4）确定系统必须满足的另一项需求。

（5）为满足上述要求，系统某部分必须：执行某种动作 / 处于某种物理状态 / 拥有某种属性 / 某参数必须处于某种参数值。

（6）寻找第3步与第5步中，什么动作 / 物理状态 / 属性 / 参数相互对立。

（7）描述物理矛盾。

卡车车身既要坚固及能运输重货，又要轻便以节约燃油。物理矛盾的提炼过程如下。

（1）指定技术系统的组成（系统的组成部分）。

卡车车身。

（2）确定系统必须满足的某一项需求。

应坚固及能运输重货。

（3）为满足上述要求，系统某部分必须：执行某种动作/处于某种物理状态/拥有某种属性/某参数必须处于某种参数值。

必须由高密度材料制成。

（4）确定系统必须满足的另一项需求。

节省运货卡车运输所需的燃油。

（5）为满足上述要求，系统某部分必须：执行某种动作/处于某种物理状态/拥有某种属性/某参数必须处于某种参数值。

必须由低密度材料制成。

（6）寻找第3步与第5步中，什么动作/物理状态/属性/参数相互对立。

密度。

（7）描述物理矛盾。

卡车车身的材料应是高密度的，同时也应是低密度的。

四大分离原则

解决物理矛盾的方法是四大分离原则：空间分离、时间分离、系统分离、条件分离。即从以上四个角度想办法把矛盾的需求分开。一旦找到分离矛盾的方法，问题也就迎刃而解了。就像我们平时生活中发生冲突时，劝架的方法之一就是把冲突的双方分开。一旦双方分开一段距离，直接的肢体冲突就可以避免。

空间分离

将矛盾双方在不同的空间上分离开来，以获得问题的解决或降低问题的解决难度。当我们发现矛盾需求同时发生，但是发生在不同地方的时候，可以应用此原则。比如漏斗（见图7-3），上面开口大，方便倒水，下面开口小，再细的瓶子也能装进去，又大又小的矛盾就在空间上分离开来。

图7-3 漏斗

在电镀车间，需要先加热电解液，然后把部件浸没到电解液里，实现电镀。但是加热过程会造成电解液的挥发浪费。物理矛盾的提炼过程如下。

（1）指定技术系统的组成（系统的组成部分）。

电解液。

（2）确定系统必须满足的某一项需求。

实现电镀。

（3）为满足上述要求，系统某部分必须：执行某种动作/处于某种物理状态/拥有某种属性/某参数必须处于某种参数值。

必须是热的。

（4）确定系统必须满足的另一项需求。

减少挥发。

（5）为满足上述要求，系统某部分必须：执行某种动作/处于某种物理状态/拥有某种属性/某参数必须处于某种参数值。

必须是冷的。

（6）寻找第3步与第5步中，什么动作/物理状态/属性/参数相互对立。

温度。

（7）描述物理矛盾。

电解液应是热的，同时也应是冷的。

为了解决电解液浪费的问题，工程师应用了空间分离原则。电镀的需求是部件表面的电解液温度要高，电解液减少挥发的需求是电解液整体温度要低。所以，只要保证部件表面和电解液接触部分的温度足够高即可。最终的解决方案变成先加热部件，然后把热的部件浸没到冷的电解液里，这样既可以保证电镀正常进行，也减少了电解液的挥发浪费。

时间分离

将矛盾双方在不同的时间上分离开来，以获得问题的解决或降低问题的解决难度。当我们发现矛盾的需求在整个时间段中有"正向"或"负向"变化时，可以应用此原则。比如折叠自行车，在骑乘时展开体积大，以便载人；在停放时折叠变小，以节省空间（见图7-4）。

图7-4 折叠自行车

高速发展的社会，城市里的交通也越来越拥塞。特别是在上下班的高峰期，堵车已经成为各大城市的一个通病。但是我们也发现，随着城市人口的增加，住在郊区的人口越来越多。于是，在上下班的路上，常常会发现自己这边堵得一塌糊涂，但是对面的道路却空空荡荡。相信很多人都想过，我的车要是能开到对面去就好了！物理矛盾的提炼过程如下。

（1）指定技术系统的组成（系统的组成部分）。

对面的道路。

（2）确定系统必须满足的某一项需求。

正常通行。

（3）为满足上述要求，系统某部分必须：执行某种动作/处于某种物理状态/拥有某种属性/某参数必须处于某种参数值。

必须是正向行驶的。

（4）确定系统必须满足的另一项需求。

缓解交通。

（5）为满足上述要求，系统某部分必须：执行某种动作/处于某种物理状态/拥有某种属性/某参数必须处于某种参数值。

必须是逆向行驶的。

（6）寻找第3步与第5步中，什么动作/物理状态/属性/参数相互对立。

方向。

（7）描述物理矛盾。

对面的道路应是正向行驶的，并且也应是逆向行驶的。

于是，有人就发明了潮汐车道，哪个方向车多，潮汐车道就安排给哪个方向使用。比如旧金山的金门大桥，上班高峰期进城的车多，这个潮汐车道就给进城方向的车来通行；下班高峰期出城的车多，潮汐车道就安排给出城方向的车。他们甚至开发了两辆专门用于调整中间隔离带的拉链车，拉链车只要沿隔离带开过去，就像拉拉链一样完成了对隔离带的移动，实现对潮汐车道方向的调整。深圳从2015年也开始应用潮汐车道，极大缓解了早晚高峰的通行压力。

系统分离

将矛盾双方在不同的系统级别上分离开来，以获得问题的解决或降低问题的解决难度。整体来看是一个状况，个体来看是另一个状况。比如自行车的链条，整个链条（系统）是软的，但是链条的每个节（子系统）是硬的，这就是又软又硬这个矛盾的需求在系统层面和子系统层面进行的分离。如图7-5所示，每个单词都是"YES"，图片整体却是"NO"。

```
YES YES      YES          YES YES
YES YES      YES          YES YES
YES   YES   YES          YES   YES
YES   YES   YES          YES   YES
YES   YES   YES          YES   YES
YES    YES YES            YES YES
YES      YES YES          YES YES
YES        YES YES          YES YES
```

图7-5 "YES"组成的"NO"

窗子的主要功能之一就是给房间通风，让新鲜空气得以进入房间。但是，当阳光从窗子晒入时，也会导致室内温度过高，甚至晒坏家具。这里就存在一个矛盾，既希望关上窗子以遮挡阳光，又希望打开窗子以实现通风。物理矛盾的提炼过程如下。

（1）指定技术系统的组成（系统的组成部分）。

窗子。

（2）确定系统必须满足的某一项需求。

要能遮挡阳光。

（3）为满足上述要求，系统某部分必须：执行某种动作／处于某种物理状态／拥有某种属性／某参数必须处于某种参数值。

必须是关着的。

（4）确定系统必须满足的另一项需求。

要能通风，让新鲜空气进入房间。

（5）为满足上述要求，系统某部分必须：执行某种动作／处于某种物理状态／拥有某种属性／某参数必须处于某种参数值。

必须是开着的。

（6）寻找第3步与第5步中，什么动作／物理状态／属性／参数相互对立。

开关状态。

（7）描述物理矛盾。

窗子应是关着的，同时也应是开着的。

解决方案就是百叶窗，将窗户分割为多个叶片，叶片之间有间隙。百叶窗关上时既可以遮挡阳光，叶片之间的间隙也可以透气通风。

条件分离

这是将矛盾双方在不同的条件下分离开来，以获得问题的解决或降低问题的解决难度。如果空间、时间、系统维度都无法将矛盾双方分开，就要考虑创造一个条件使其分离。当矛盾双方在某一条件下只出现一方时，则使用基于条件的分离原则是可行的。比如有一种会变色的太阳镜（见图7-6），其镜片里面加了卤化银微粒。当太阳照射时，卤化银分解为银和卤素，银的透光率低，可以保护眼睛；在没有太阳照射时，银和卤素又重新化合为卤化银，恢复高透光率，方便看清物体。在有阳光照射和没有阳光照射的不同条件下，眼镜的透光率不同，这就是条件分离。

图 7-6 会变色的太阳镜

我们一般会在限速的道路上看到各种各样的减速带。减速带的作用是通过路面上的凸起，使高速行驶的车辆产生颠簸，从而提醒司机降低车速。但是，常见的减速带都是坚硬的材质，不仅高速行驶的车辆会颠簸，低速行驶的车辆在遇到减速带时也会颠簸，这就给司机及乘客带来了不好的乘坐体验。物理矛盾的提炼过程如下。

（1）指定技术系统的组成（系统的组成部分）。

减速带材料。

（2）确定系统必须满足的某一项需求。

产生颠簸，提醒司机减速。

（3）为满足上述要求，系统某部分必须：执行某种动作/处于某种物理状态/拥有某种属性/某参数必须处于某种参数值。

必须由硬材料制成。

（4）确定系统必须满足的另一项需求。

减少颠簸，改善乘坐体验。

（5）为满足上述要求，系统某部分必须：执行某种动作/处于某种物理状态/拥有某种属性/某参数必须处于某种参数值。

必须由软材料制成。

（6）寻找第3步与第5步中，什么动作/物理状态/属性/参数相互对立。

硬度。

（7）描述物理矛盾。

减速带的材料应是硬的，同时也应是软的。

这里我们找到决定材质的关键变量是车速，速度快时希望硬以提醒司机，速度慢时希望软以提升乘坐体验。速度就可以成为一个分离条件。有人就基于此开发了非牛顿流体减速带。非牛顿流体是指不满足牛顿黏性实验定律的流体，即其剪应力与剪切应变率之间不是线性关系的流体。非牛顿流体广泛存在于生活、生产和大自然之中。绝大多数生物流体都属于非牛顿流体。人身上淋巴液、囊液等多种体液，以及像细胞质那样的"半流体"都属于非牛顿流体。非牛顿流体还有一个特性是"吃软不怕硬"，如果轻轻戳它，它是软趴趴的；但是如果快速击打或撞击它，它就瞬间变"砖头"。用非牛顿流体做成的减速带，就可以实现我们需要的条件分离。如果是安分守己的司机，慢慢开过来，减速带就是软趴趴的，不会颠簸，乘客体验就比较好；如果是不守规矩的司机，车速过快，减速带就会瞬间变硬，颠他一下，提醒他要把车速降下来。

四大分离原则和 40 发明原则

四大分离原则也可以和 40 发明原则结合使用。表 7-1 是四大分离原则和 40 发明原则的对应表。

表 7-1　四大分离原则和 40 发明原则的对应表

	空间分离	时间分离	条件分离	系统分离
对应的发明原则	1. 分割 2. 抽取 / 分离 3. 局部特性 / 品质 4. 非对称 7. 套叠 13. 倒转 / 反向 17. 改变到新的维度 24. 中介物 26. 复制 30. 弹性膜或薄膜	9. 预先反作用 10. 预先动作 11. 预先缓和 15. 动态 16. 局部或过度的动作 18. 机械振动 19. 周期性动作 20. 有效动作的持续 21. 快速通过 29. 气压或液压 34. 抛弃和再生 37. 热膨胀	1. 分割 5. 结合 / 合并 6. 万用性 7. 套叠 8. 平衡力 13. 倒转 / 反向 14. 球面化 / 曲面化 22. 转有害为有益 23. 回馈 25. 自助 27. 取代以便宜寿命短的对象 33. 同质性 35. 变化物理或化学状态	12. 等位性 28. 更换机械系统 31. 多孔材料 32. 改变颜色 35. 变化物理或化学状态 36. 相变 38. 强氧化剂 39. 惰性环境 40. 复合材料

比如，飞机在地面滑行时需要用轮子，但是飞行时不希望有轮子（轮子会增加空气阻力）。这是一个典型的时间分离，起飞前有轮子，起飞后没有轮子。解决方案就是应用发明"原则 15：动态"，设计可以升降的起落架，起飞后把轮子收起来。

技术矛盾和物理矛盾的转化

技术矛盾和物理矛盾可以相互转化，前提是找到合理的参数。技术矛盾是两个参数 A 和 B 之间的矛盾。如果能找到一个控制参数 C，当 C 往不同的方向变化的时候，会造成 A 改善或者 B 恶化，就可以将 AB 之间的技术矛盾转化为参数 C 的物理矛盾。

举个例子，我们通过加大电流来提升 LED 灯的亮度，但是会造成 LED 灯发热，结果 LED 灯的温度恶化。这里改善的参数 A 是亮度，恶化的参数 B 是温度。如果用电流作为控制参数 C，则矛盾可以转化为：既希望加大电流（提升亮度），又希望减少电流（降低温度）。电流既要大又要小，这就是一个物理矛盾了。

反之，物理矛盾也可以转化为技术矛盾。将上面的过程反过来，加大电流改善的参数是亮度，减少电流恶化的参数是温度，就可以将电流既大又小的物理矛盾转化为亮度和温度的技术矛盾。

一般的观点认为，物理矛盾比技术矛盾更加尖锐和明显，也更容易产生创意。也有很多 TRIZ 爱好者（包括 TRIZ 大师）喜欢把技术矛盾转化为物理矛盾来解决。实际上，因为物理矛盾只有一个参数，思考的焦点更集中；而且四大分离原则给的建议也很聚焦，依次考虑空间分离、时间分离、系统分离、条件分离，一次只有一个焦点，步骤简单，当然更容易产生一些直接能够触发的创意。而技术矛盾则要同时考虑三个关键词：改善的参数 A、恶化的参数 B、发明原则，先用发明原则得到一个创意，再看看这个创意是否对 A 好，还要看看是否对 B 也好，思考的焦点要在三个焦点之间不停地切换，相对物理矛盾就累一点。但是，这并不是说技术矛盾就没有物理矛盾好用，只要把发明原则用好，技术矛盾产生的创意不会比物理矛盾产生的创意的差。

小结

消除矛盾是 TRIZ 的核心理念之一。矛盾分为技术矛盾和物理矛盾，二者可以互相转化。技术矛盾是两个参数之间的矛盾。通过改善的参数和恶化的参数查询矛盾矩阵，改善的参数查纵轴，恶化的参数查横轴，从二者交叉点得到推荐的发明原则，再应用矛盾矩阵推荐的发明原则来解决技术矛盾。物理矛盾是对同一个参数相反的需求。物理矛盾通过应用四大分离原则来解决。四大分离原则分别为空间分离、时间分离、系统分离和条件分离。每个分离原则都有对应的发明原则。

描述技术矛盾的模板：

我想通过做＿＿＿＿＿＿，以使得＿＿＿＿＿＿得到改善，但是我不能，因为这样会使得＿＿＿＿＿＿恶化。

提炼物理矛盾的步骤。

（1）指定技术系统的组成（系统的组成部分）。

（2）确定系统必须满足的某一项需求。

（3）为满足上述要求，系统某部分必须：执行某种动作/处于某种物理状态/拥有某种属性/某参数必须处于某种参数值。

（4）确定系统必须满足的另一项需求。

（5）为满足上述要求，系统某部分必须：执行某种动作/处于某种物理状态/拥有某种属性/某参数必须处于某种参数值。

（6）寻找第3步与第5步中，什么动作/物理状态/属性/参数相互对立。

（7）描述物理矛盾。

第 8 章
功能模型图

人们总是喜欢秩序井然，窗明几净的房间、笔直的街道、整齐划一的生产线、条理分明的农田……甚至在分析问题的原因时也喜欢得到一个树状结构的根因树。但这毕竟只是期望，真实的原因往往是错综复杂、交织缠绕在一起的。因为我们用来给问题建模的神经网络本身就是网状的。有果必有因，整个神经网络就是一个单向的因果网络。前额叶皮质在思考时，就是在用一个单向的因果网络来给问题建模。把这个建模的结果用图形化工具展现出来就是功能模型图——一个单向的因果图。鲍里斯·斯洛提用这个单向的因果图把大脑的思考过程搬到了电脑屏幕上。

创新的语言

问题建模（Problem Formulator®）是一个分析工具，用于将有关特定问题的知识结构从用户的头脑中转移到一套全面的创新方向中。鲍里斯·斯洛提将问题建模工具集成在 Innovation WorkBench（IWB）软件中[一]。本章后续的内容将基于这个软件的界面来进行介绍，包括一些颜色的定义、图形的定义等都采用 IWB 软件中的约定。

随着工程技术的发展，工程师的语言也在发展。在 20 世纪 50 年代，工程师们使用一种高度技术性的语言相互交流。价值工程的创始人劳伦斯·迈尔斯（Lawrence Miles）建议工程师和营销人员改用功能语言。就像数学家通过严格定义的语法及符号创建了数学的语言，这种"主—谓—宾"式的功能语言也为工程师们在解决问题方面提供了一种共同的语言。

在功能语言里，功能被定义为功能发起者（主语）改变或维持功能受体（宾语）的某个参数。比如：头盔的功能是改变子弹的运动方向或

⊖ IWB 软件可以在 ITRIZS 官网购买。

者速度。将系统的各个功能逐个描述出来，并用图形的方式进行展示，就是功能模型图。在功能模型图中，节点是子系统、超系统的组件，连接节点的箭头就表示功能。箭头的起点是功能发起者，箭头的终点是功能受体。通常在箭头上会用精挑细选的动词来准确描述其功能。通过对系统进行功能建模，工程师就有了一个关于问题的模型，从而为问题的解决提供了一个可供讨论的平台和共同语言。

鲍里斯·斯洛提在劳伦斯·迈尔斯的基础上进一步提出创新的语言。创新的语言是基于因果关系的，它将我们的注意力集中在导致问题产生的有用功能和有害功能上，揭示问题产生的因果机制，从而有助于问题的解决。在这里，功能有了更宽泛的定义，可以为：活动、动作、流程、操作或条件。

图 8-1 说明了创新语言与创新过程中其他语言之间的关系。

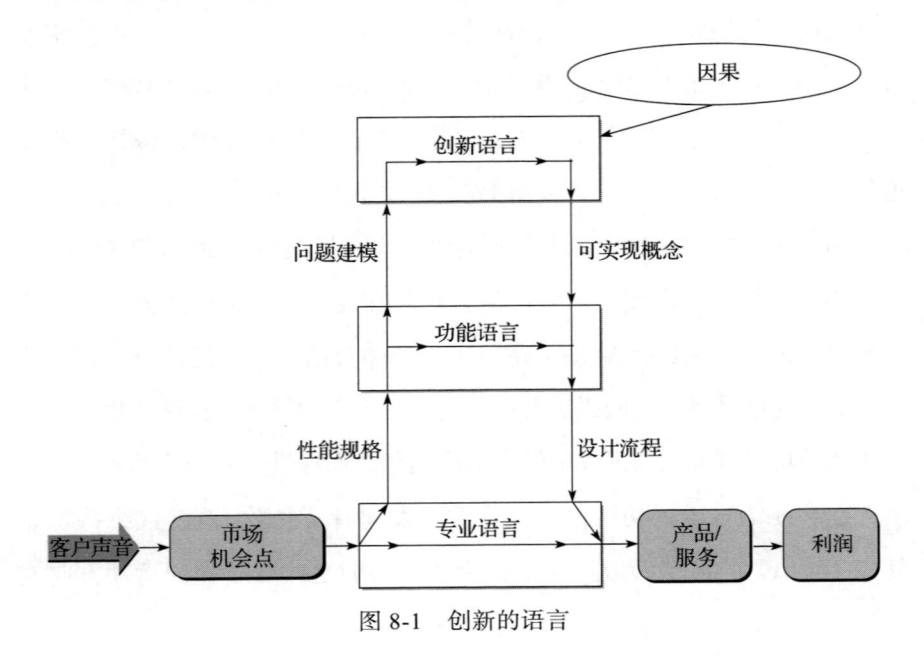

图 8-1　创新的语言

问题建模

复杂问题往往不能一次性解决。问题建模这个工具可以将复杂问题拆解为一组更简单的问题，并逐个解决。使用问题建模可以提高我们对问题情况的系统性理解，从而加快问题的解决。事实上，好的开始等于成功了一半，完成了正确的问题建模有时候已经几乎等于解决了问题。问题建模也被称为快速学习工具，因为它提供了一种快速的方法来获得对问题结构的系统理解。

以下是使用问题建模一些很重要的原因。

- 问题建模可以生成近乎完备的创新方向集合。这些创新方向引导我们扫描整个解决方案空间，包括从明显的到不可思议的解决方案，甚至是跨界的解决方案。
- 问题建模帮助用户看到熟悉的技术之外的问题，有助于打破心理惯性。
- 问题建模的一个重要结果是关于问题的系统化模型，可以作为知识转移的工具。

问题建模的过程就是将大脑中无序的信息转换为结构化的知识集合。鲍里斯·斯洛提意识到，对大多数人来说，大脑中存在的关于特定问题的知识并没有被分割成精确、有序的单位。相反，它更像由各个信息"块"相互之间复杂连接而成的一个庞然大物。因此，这些知识很难用纸和笔来表示，甚至用计算机绘图也很难办到。这种无序的信息与各种关联交织在一起，从有用的（可能的解决方案、类似的情况、类似的问题等）到分心的（情绪因素、无关的工作相关问题等）。

将问题进行建模是一个过程——有时是一个漫长的过程，将这种混乱的信息转换为一系列知识单元，然后确定这些单元之间的关系，最终生成的模型必然具有与原始模型不同的结构。一个合理的问题模型可以传达所有必要的信息，乃至原本没有发现的更多有价值的信息。

功能模型图是什么

问题建模输出的结构化图形叫功能模型图。功能模型图由两个主要元素组成：功能（因子）和连接。

- **功能：活动、动作、流程或操作。**
- **因子：参数、条件、组件、属性等。**

功能（因子）由一个框表示，该框包含对该功能（因子）的文本描述。框的内容通常是关于问题的活动、动作、过程、操作或条件等，以主谓结构或动宾结构表示，包含各种特征描述。

以下是几个功能的例子。

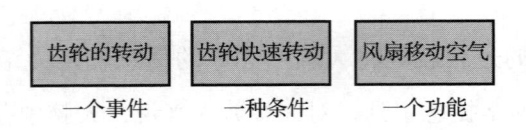

齿轮的转动	齿轮快速转动	风扇移动空气
一个事件	一种条件	一个功能

功能（因子）有两种类型，可通过框的颜色和形状识别。

有用功能（因子）显示在方角框中，简称"方框"。

有用的

有害功能（因子）显示在圆角框中，简称"圆框"。

> 有害的

每个框都必须定义为有用或有害。然而，毫无疑问，有些事情并不那么容易归类。别担心，问题建模工具在设计之初就是为了处理这些模糊性，其中一些模糊性我们将在稍后讨论。

连接描述了两个功能（因子）之间的关系，并由连接两个框的箭头表示。箭头分两种。

- 产生（produces）。

  ⟶

- 阻碍（counteracts）。

  ⟶|

连接是方框还是圆框，取决于它们所产生的结果是有用的（Useful）还是有害的（Harmful）。比如：产生有害就是圆框的，阻碍有用也是圆框的，而阻碍有害则是方框的。因此，如图 8-2 所示的功能和连接的组合是可能的。

Useful	produces →	Harmful	Harmful	produces →	Harmful 2
Useful	produces →	Useful 2	Harmful	produces →	Useful
Useful	counteracts ⟶|	Useful 2	Harmful	counteracts ⟶|	Harmful 2
Useful	counteracts ⟶|	Harmful	Harmful	counteracts ⟶|	Useful

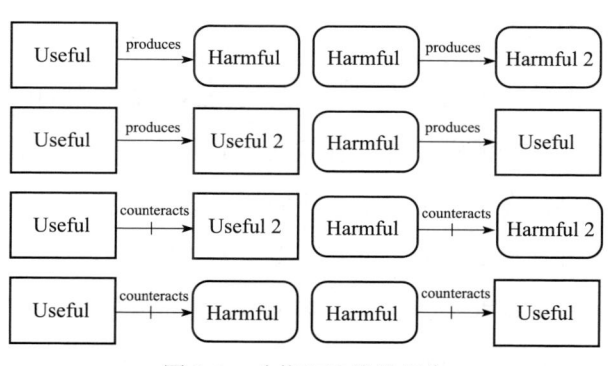

图 8-2 功能和连接的组合

由于功能（因子）可以作为任何数量连接的源或目标，这些基本组合提供了对任何系统或问题中复杂相互关系进行建模的无限可能性。这种内置的灵活性对于解决问题是非常必要的。使用问题建模的一些好处如下。

（1）它迫使你详细思考和定义你的问题。

（2）它提供了一种获取和分享知识的手段，并在必要时建立共识。

（3）它建立了一个明确的创新方向。

建模的常见陷阱

为了确保功能模型图能合理地代表正在建模的问题，有一些常见的陷阱需要注意。

（1）使用流程图。

（2）不同的观点没有分别建模。

（3）没有定义所有的连接。

（4）复合矛盾。

下面我们详细讨论上述每个陷阱。

使用流程图

功能模型图使用创新的语言，主要是表达功能之间的因果关系，而不是基于时间顺序的流程信息。有时这看似只是一个微妙的区别，却是一个重要的区别。在多数情况下，我们研究的问题可能包含一个或多个基于时间的事件。尽管如此，这些信息还是可以用不严格依赖时间的功能要素来表达。麻烦在于，许多工程师有丰富的流程图经验，容易形成思维惯性。要避免创建流程图，请尝试扩展模型中的每个功能，以确保所有功能都存在，并尽量让功能模型图代表问题的"完整"结构。让我们看一个例子。

图 8-3 显示了一个基于时间的流程图，描述了采购员如何创建发票。

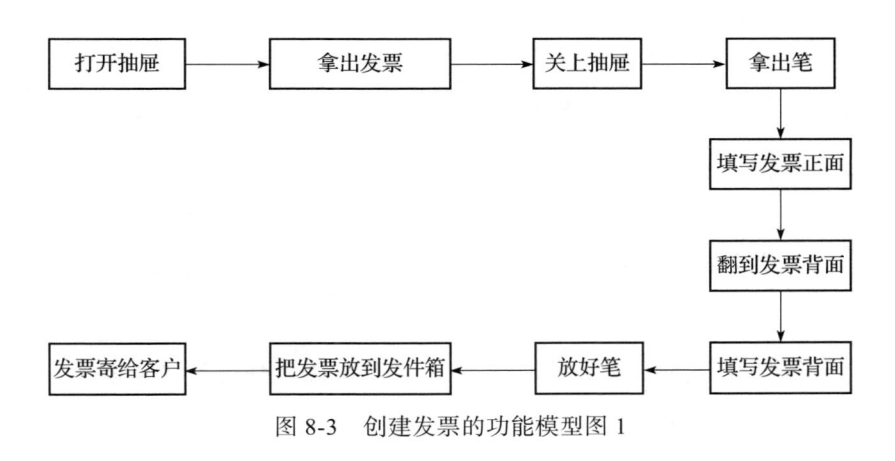

图 8-3　创建发票的功能模型图 1

这个功能模型图合理吗？为讨论起见，我们先认可这是一个合理的版本。现在看看图 8-4，其中相同的信息已经基于因果关系重新描述。

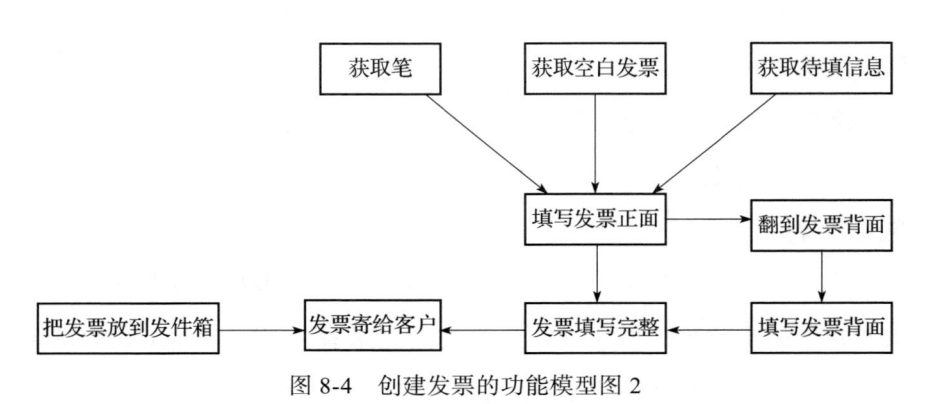

图 8-4　创建发票的功能模型图 2

以下是关于图 8-4 的一些需要注意的事情。

- 流程中基于时间的关系已保留（即获取笔、将信息添加到发票正面、将发票翻面、将信息添加到发票背面、发票填写完整、将发票寄给客户）。
- 模型更完整，每个阶段的所有输入都显示出来。换句话说，如果我们有笔、空白发票和待填信息，我们将能够填写发票的正面。然后，一旦我们完整填写了发票的正面、背面，我们就完成了发票填写。还有，把发票寄给客户的前提是发票填写完整以及把发票放到发件箱。以上这几种前置条件也是一种因果，是功能模型图要去发掘的逻辑关系，什么条件具备了就可以开展下一步。我们稍后会更多地讨论逻辑的完整性。
- 不包含与问题无关的信息，如打开和关闭抽屉以及更换笔。当然，这些功能可能会根据创建模型的目的来添加。

不同的观点没有分别建模

另一个重要的考虑涉及观点。让我们看一个例子，它说明了观点和解决问题之间的关系。

例如：2000 年，法国政府将每周工作时间从 39 小时缩短到 35 小时。这一行动对法国社会产生了广泛的影响，因为它可以从几个不同的角度来看待。

从政府的角度来看，缩短工作时长可以增加就业率。从员工的角度来看，结果是收入的减少。从雇主的角度来看，影响是雇员人数的增加，总经营成本的增加。然后还有员工家庭的观点，等等。

在一张功能模型图中同时表达不同的观点可能很有挑战性。因此，处理这种情况的最佳方法是创建多个功能模型图——每个观点一张功能模型图。完成此操作后，寻找这些不同观点的功能模型图之间的共同点，并将此共同点作为组合它们的基础。

没有定义所有的连接

创建功能模型图时重点要考虑的是模型的完整性。可以通过对每个框问以下 4 个完整性问题来确保这一点。

- 此功能（因子）是否会产生另一个有用和 / 或有害的功能？（我产生了谁？）
- 此功能（因子）是否阻碍了另一个有用和 / 或有害的功能？（我阻碍了谁？）
- 此功能（因子）是否由另一个有用和 / 或有害的功能产生？（谁产生了我？）
- 此功能（因子）是否被另一个有用和 / 或有害的功能阻碍？（谁阻碍了我？）

把这 4 个问题可视化，如图 8-5 所示。

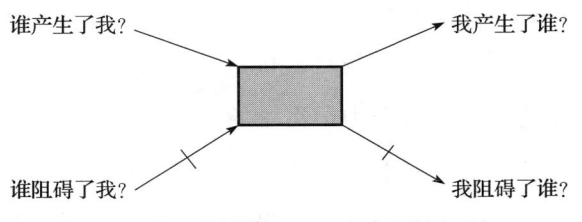

图 8-5 功能模型图 4 个完整性问题

进一步细化，可以得到 16 个问题（见图 8-6）。

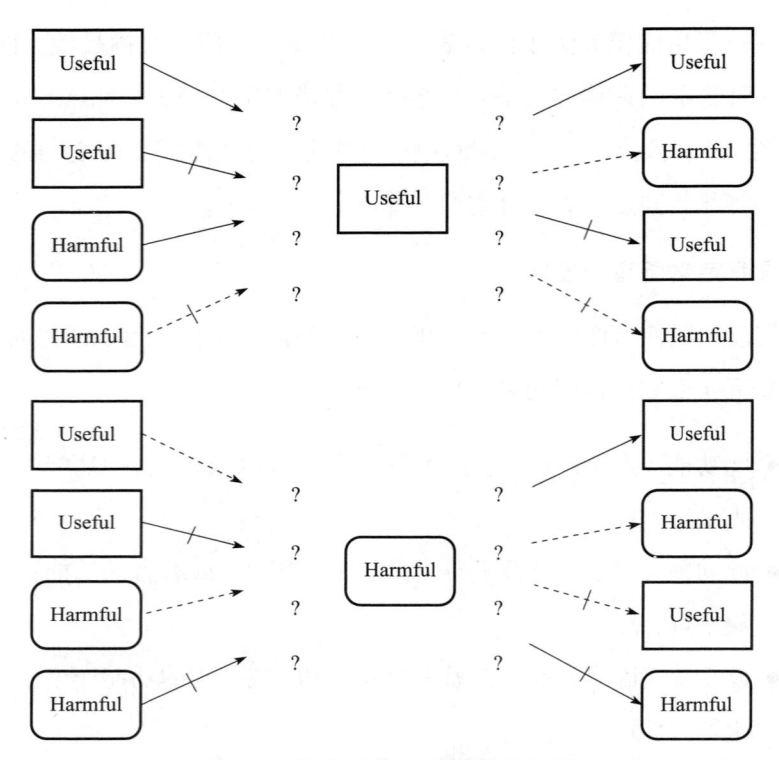

图 8-6　细化后的 16 个完整性问题

复合矛盾

在我们解决复杂的矛盾之前，让我们花点时间讨论一下一般的矛盾。

问题建模的一个强大特点是，它提供了图形化描述问题的方法。特别有帮助的是，矛盾很容易被发现。仅这一点就可以有效地帮助了解问题的根源，或确定解决问题努力最集中的领域。

功能模型图中的矛盾（框变成黄色[一]）意味着这个功能产生了"好"的东西（输出一个绿色箭头[二]），也会导致"坏"的东西（输出一个红色

[一] 本书中表现为虚线框，余同。
[二] 本书中表现为实线箭头。

箭头[一]），有以下三种标准类型。

第一类矛盾：一个有用的功能既产生有用的功能又产生有害的功能（见图 8-7）。

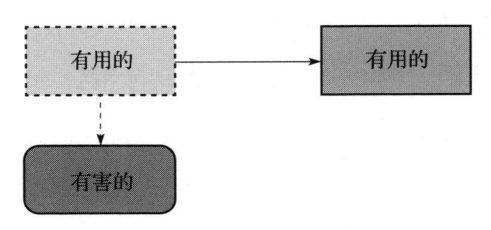

图 8-7　第一类矛盾

第二类矛盾：一个有用的功能阻碍一个有害的功能，同时又产生另外一个有害的功能（见图 8-8）。

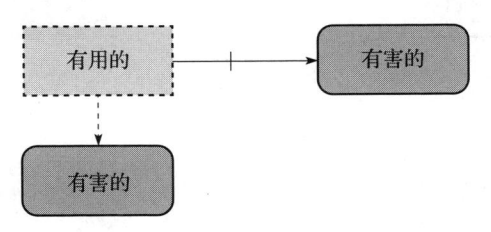

图 8-8　第二类矛盾

第三类矛盾：一个有用的功能阻碍一个有害的功能，但是也阻碍另外一个有用的功能（见图 8-9）。

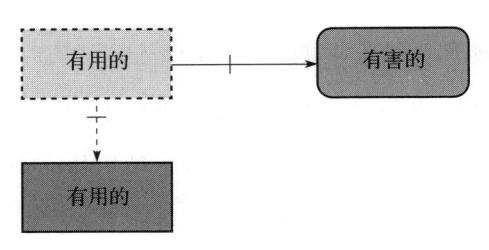

图 8-9　第三类矛盾

[一]　本书中表现为虚线箭头。

请注意，所有三种类型的矛盾都源于一个有用的功能。虽然问题建模允许构建源自有害功能的矛盾（例如，有害功能同时产生有用功能和有害功能），但这种情况通常表明我们的模型还不完整。

如果你发现自己建立了一个源于有害功能的矛盾，请仔细看看导致这种有害功能的原因，很可能你已将多个功能组合到一个框中。通过更详细地充实模型的这一部分，你会发现真正的矛盾属于标准类型之一。

复合矛盾的建模

请看如图 8-10 所示的功能模型图。

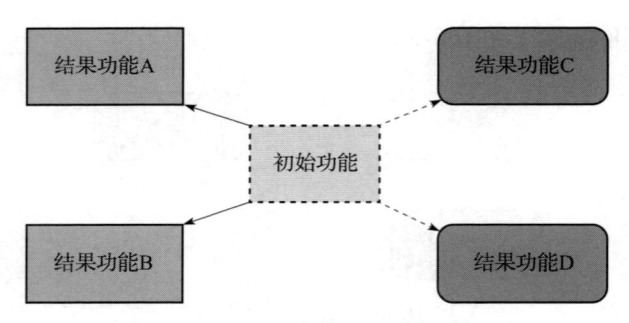

图 8-10　包含复合矛盾的功能模型图

请注意，该模型包含多个矛盾。事实上，有多达 4 个。

（1）初始功能产生结果功能 A，并产生结果功能 C。

（2）初始功能产生结果功能 A，并产生结果功能 D。

（3）初始功能产生结果功能 B，并产生结果功能 C。

（4）初始功能产生结果功能 B，并产生结果功能 D。

复合矛盾的存在会使问题难以解决。那么应该如何处理呢？

当面对复合矛盾时，试图将初始功能分解为更具体的矛盾。可以通过问自己："产生结果功能 A 和结果功能 B 的初始功能是什么？"然后问："阻碍 C 和 D 的初始功能是什么？"初始功能可能包含多个动作、对象、特征、属性等。如果是，可以将初始功能分解成多个框，这反过来又会导致几个更具体的矛盾。

构建更复杂的功能模型图

毫无疑问，现实世界的问题通常会产生更加复杂的功能模型图。更复杂的功能模型图有一个特点是包含多个目标。图 8-11 的示例展示了具有多个目标的情况。为清晰起见，功能模型图中添加了一个最终的高阶目标（如果需要可以将其删除）。这个示例只是一个建议的初始化版本。最终，实际的功能模型图应根据需要进行扩展，以包括其他子目标、对策、副作用和障碍。

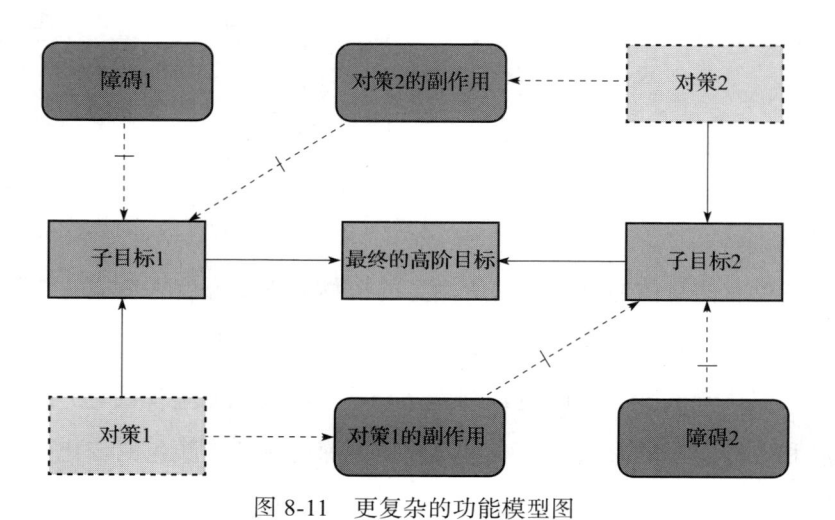

图 8-11　更复杂的功能模型图

注：图中对策 1 和对策 2 需要同时实施以服务最终目标的实现，二者不是备选方案。记住，备选方案永远要分别建立各自的功能模型图。

功能模型图讲述一个故事

具体来说，功能模型图讲述的是一个关于系统的机制和其中存在的问题的故事。为了说明这一点，让我们来看一个更复杂的情况。如图 8-12 所示的功能模型图中讲述的故事是变色龙改变颜色的机制。这个机制通过功能之间的因果关系来描述。

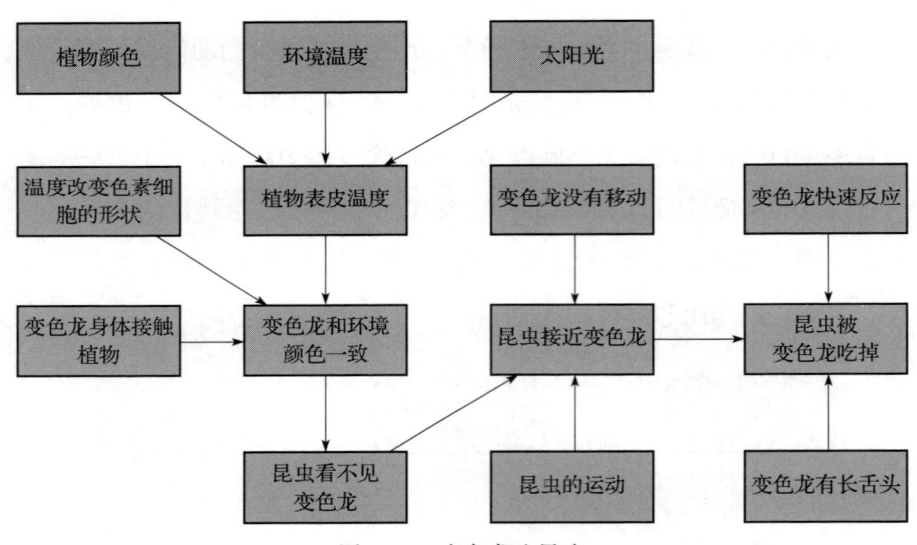

图 8-12　变色龙吃昆虫

变色龙的身体通过感知它所栖息的植物的表皮温度来适应它接触的植物。这种植物的表皮温度是植物颜色、环境温度和太阳光共同作用的结果。温度导致变色龙的色素细胞从球形（使变色龙呈现浅色）改变成膨胀和"分支"的形状，使变色龙呈现更深的颜色。颜色的变化使变色龙隐藏起来，从而防止昆虫检测到变色龙的存在。当变色龙与环境颜色相匹配时，昆虫就会没有防备地靠近它，加上变色龙的长舌和快速反应，导致昆虫很容易被吃掉。

由于功能模型图描述的"故事"通常相当复杂，因此在创建功能模型图时遵循某种系统方法是有帮助的。我们将研究几种这样的方法——我们称之为问题建模的策略。

问题建模的策略

创建功能模型图有四种基本策略。一些人找到了最符合其自然思维过程的策略，并专门使用它。另一些人则制定自己的策略，对不同的问题使用不同的策略，或使用策略的组合。

策略 1：消除缺点

从缺点和主要有用功能（或代表目标的有用功能）开始。首先定义导致缺点的所有有害功能，然后是确定这些有害功能和主要有用功能之间的关系。如果已经做过根因分析，可以直接把根因树导入功能模型图，然后对每个节点问 4 个完整性问题，从而得到全面的功能模型图（见图 8-13）。

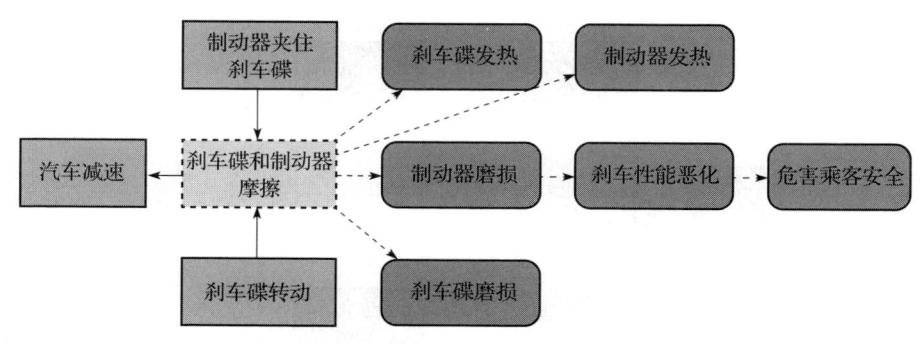

图 8-13　从有害功能出发构建功能模型图

策略 2：增强有用功能

这种策略有时被称为"工作系统"模式，因为首先只包括有用的功能，并生成连接。一旦定义了工作系统，就可以针对图上每个节点依次询问那 4 个完整性问题（我产生了谁？我阻碍了谁？谁产生了我？谁阻碍了我？），从而获得一个完整的功能模型图（见图 8-14）。

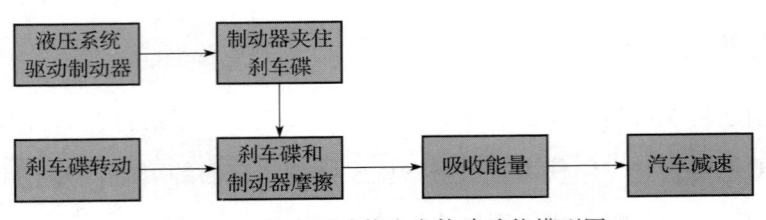

图 8-14 从有用功能出发构建功能模型图

策略 3：主节点方法

首先为系统最重要的功能创建一个框，然后询问该特定功能 4 个完整性问题。允许从单个功能开始创建一个功能模型图。如图 8-15 所示的初始功能是"制动器夹住刹车碟"。注意：此策略的挑战之一是，功能模型图可能会变得非常庞大，并包含大量不重要的信息。

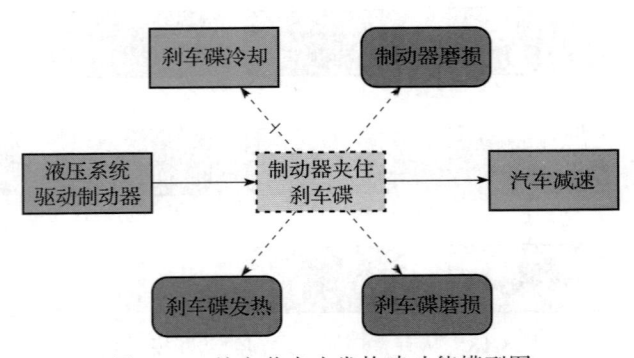

图 8-15 从主节点出发构建功能模型图

策略 4：先画框，后连线

这种方法可以用来初始化以上三种策略中的任何一种。当你不确定该从哪里开始时，直接应用策略 4 也是有效的。

从任何地方开始，创建几个框。作为一个新手，先针对自己熟悉的部分创建一些小"块"信息可能更容易。然后，通过在功能之间创建必要的连接，再扩展到更复杂的问题。

如果已经做过九宫格、资源分析，可以将其中的关键词作为框的输入。

问题建模的注意事项："该做的和不该做的"

这里有一些提示，可以帮助避免一些常见的陷阱。

- 功能模型图的规模。

  如果发现功能模型图超过 25 个框，可以考虑重组，将模型打散，以便可以使用多个功能模型图来描述，然后根据需要创建尽可能多的功能模型图。

- 保持专注。

  始终专注于真正的问题。如果你的模型范围太窄，你可能会错过真正的问题。请确保模型包含正在建模的系统、超系统或子系统的主要有用功能。

- "不可控"元素。

  尽量排除那些你绝对无法控制或改变的功能，或者那些影响很大或后果完全无法控制的功能。（"完全"一词在这里很重要。）

  例如，如果你从供应商处购买一个电机，则可能无法更改与电机主要功能关联的组件，但是可以更改电机的安装支架、颜色等。⊖

⊖ 这个是鲍里斯·斯洛提的建议。但是，我们也确实遇到过需要定制元器件的情况。所以，不到万不得已，还是不要放弃任何机会，先把所有的点子都记录下来。

- 合理连接。

  确保连接是"合理的",并正确表示功能(框)之间的关系(箭头)。

- 基于时间的功能链。

  避免基于时间的功能链,类似于流程图。重点应该始终放在对因果关系的建模上。

- 不相关的细节。

  避免在模型中包含与问题情况无关的细节。相反,要包含所有直接或密切相关的细节。

- 备选方案。

  如果希望对备选方案建模,请对每个备选方案使用单独的功能模型图。注意:在问题建模中,两个功能的逻辑"或"被视为替代方案。在图 8-16 这张功能模型图中,建模了两种替代烹饪的方法。除非同时使用两种烹饪方法,否则这种模型是不可接受的。

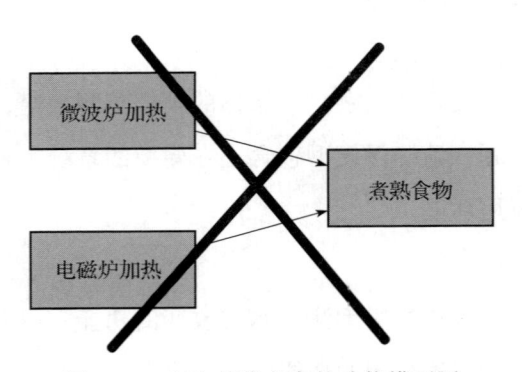

图 8-16 存在替代方案的功能模型图

- 细节和模糊性。

  如果从功能模型图上获得的创新方向没有帮助,请考虑转变到更低的层级来看细节,或抽象到更高层级。例如,"找到另一种方法来（增加利润）"的方向就过于模糊笼统，需要进一步展开细节。

- 功能模型图的意图。

  当功能模型图的意图是解决问题时，不要在模型中包含新点子或可能的解决方案。如果想将一个可能的解决方案加入模型，则应该同时包括此方案及其产生的次生问题。一旦加入新的方案，面临的就是新问题，需要重新建立一个功能模型图，这样有助于新方案的落地实施。

- 多个解决方案。

  不要在一个功能模型图中包含同一问题的多个解决方案。相反，要为每个解决方案都构建一个单独的功能模型图，因为每个解决方案都被视为"备选方案"。

- "抽象"的意思。

  抽象这个词值得在这里讨论。即使是复杂的问题也可以（而且应该）在问题建模中使用简单的、非特定技术的术语建模。换句话说，用简单的术语来定义事物为更高水平的创新打开了大门。让我们看一个例子。

假设正在研究的是食品行业的一个问题。在这个想象的问题中，功能模型图中的一个框被标记为"味道"。让我们看看抽象的概念在味道一词上如何应用。

与味道相关的过程到底是什么？味道是什么意思？对我们大多数人来说，它是我们吃饭时体验到的感觉。但是，换个角度来看，我们需要以一种新的方式思考这个词语，即转移到另一个抽象级别。

我们的任务是创建一个味道的功能模型图，画一个品尝味道过程的"图像"。第一个问题是："我们想尝什么？"假设是一粒糖。糖粒（一种多孔的晶体物质，含有微裂纹）进入口腔的潮湿凹处，在那里它被浸泡在液体（水和酸）中，并开始溶解。液体的流动变化和温度梯度使其穿透晶体物质的孔隙和微裂纹。这侵蚀了物质的外表面，结果晶体结构溶解（进入溶液）。该溶液与舌头和味蕾直接接触，两者都是有纹理、吸收性、多孔的，也是热源（约37℃）。液体中的糖分子接触并渗透进吸收性多孔材料，这些材料与连接到大脑的神经元（传播途径）接触。

当然，我们可以继续定义更多的细节。但重点是：味道的过程不再是一个谜——我们有了它的"图像"，可以建立一个详细的功能模型图，以促进创新过程。形状、大小和颜色等词语（以及其他更专业的术语）隐藏了一些必要的信息，如果要解决问题就必须把这些信息可视化。我们不需要把每个词语都分解到这种细节级别，重要的是在必要时能够在不同的抽象级别上工作。作为练习，请选择一个每天使用的产品，想想可能使用的细节级别，想象一下如何用简单的术语描述这个系统。请记住，只在必要的抽象级别上工作。

没有足够的信息怎么办

上面抽象的例子可以用来指出另一个重要的问题。如果研究味道的目的是更快地触发大脑的反应，那么神经系统就是这个过程的关键部分。假如这时候你发现自己缺乏有关神经系统的知识——你应该怎么做？

实际上，这并不是一个偶然现象。你可能从来没有想过要把熟悉的系统展开到一个陌生的层级。但是，如果你对这个系统的工作原理没有彻底了解，特别是当这种理解对解决问题至关重要时，那么这可能就是你无法解决这个问题的真正原因。也许是时候开始学习了。

也不是每次建模都要深入到微观级别。事实上，这样做可能会超出公司的能力范围。无论如何，我们都要在方案能够成功落地的层次上解决这个问题。但与此同时，也要考虑在更高层次上解决问题的可能性。

多个模型

使用多个功能模型图来建模的原因有很多，让我们看看其中的一些。

- 问题太大，无法用单个功能模型图表达。（建议每个功能模型图的框数为 15 ～ 25 个。）
- 表达不同的观点，如营销视图、设计视图、制造视图等。
- 多个备选方案（逻辑为"或"）。在这种情况下，应该对每个备选方案使用单独的功能模型图。
- 当子系统需要展开细节时，可以创建系统的"宏观"模型及相关子系统的"微观"模型。

当使用多个功能模型图时，通常需要将功能从一个图关联到另一个图。实现此目的的一种方法是在功能名称中添加一个参考号，指示该功能出现在其他地方。在新的功能模型图上复制功能时，请确保框的有用或有害状态和原图是一致的。

有关功能模型图的常见问题解答

　　问：如何建模逻辑的"与"？

　　图 8-17 显示了如何建模逻辑"与"。

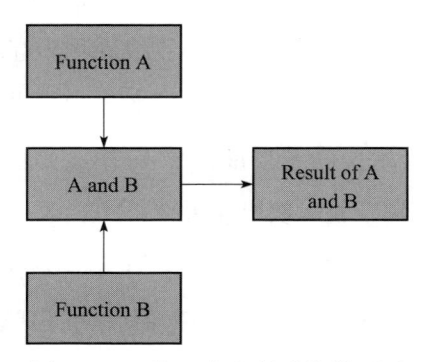

图 8-17　逻辑"与"的功能模型图

注意："或"和"IF，THEN，ELSE"情况应建模为备选方案（参见备选方案的部分）。

问：如何知道功能模型图已经完成？

如前所述，创建功能模型图时，完整性至关重要。要实现这一目标，请从使某件事起作用或导致某件事失败的活动、行动、流程、操作或条件的角度思考。多想想内在的机制是什么！

例：要生火，所有必要的组件都必须存在。如果这些组件丢失了任何一个，火就无法生成。看看图 8-18，它们被认为是"完整的"。

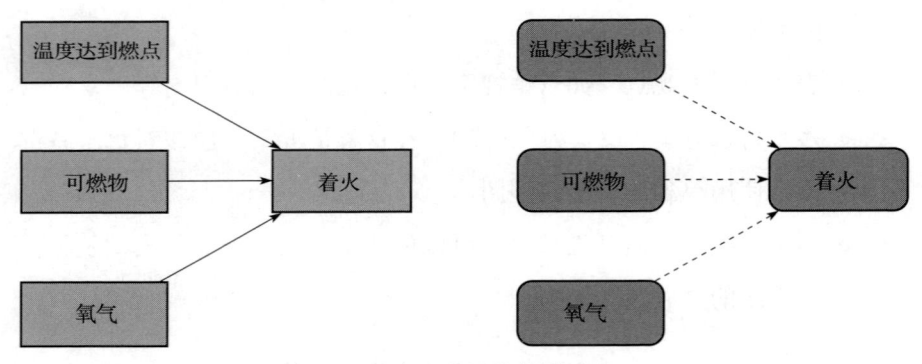

图 8-18 生火的功能模型图

让我们来看一个更复杂的例子：白蚁是如何吃掉木头的（见图 8-19）。

共生是两种植物或动物为互利而生活在一起的过程。这个过程存在于白蚁和居住在白蚁肠道中的微观原生动物之间。原生动物消化纤维素（木头的主要成分），纤维素是白蚁的食物。当然，在这种情况下，"输家"是木头的主人。

注意：有时仅仅了解问题的机制就能产生解决问题的方法。研究图 8-19，试着思考如何防止白蚁吃得太多。

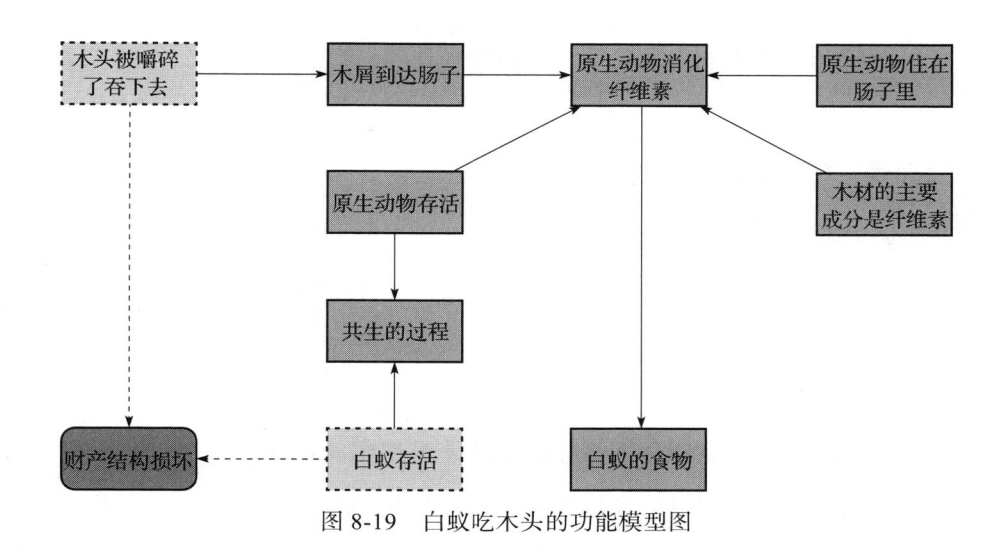

图 8-19 白蚁吃木头的功能模型图

新手经常问的另一个与完整性相关的问题是:"如何知道我什么时候完成?"

在前面,我们曾经指出,功能模型图的重点不应过于狭窄,也不应包括不相关的功能。以下是一些其他指导原则,可帮助确定何时完成功能模型图。

- 把技术术语分解成更简单的术语了吗?
- 是否包括了所有相互关系(因果连接/框)?
- 是否在模型中包括了与每个框相关的所有现象?
- 是否回答了每个框的四个完整性问题?(请记住:功能是活动、动作、流程或操作。)
- 生成的创新方向是提供了新的机会,还是停留在多年来熟悉的认知范围内?如果从功能模型图获得的创新方向没有帮助,可能需要转换到不同层级的细节。例如,"找一种可替代的方法来增加利润"这种就太笼统了，没有任何用。

全面模型的重要性

经验丰富的问题解决者会创建多个功能模型图（通常是 5 个或更多）。必要时，尽量建立多个功能模型图，以逐步体现更多（或更少）的全局观点。

花点时间与其他人讨论你的模型——这可以提供新的见解，特别是如果你的听众了解系统并理解你构建功能模型图的意图。

通过花时间构建自己和他人未来可以使用的全面模型，你将开发一个宝贵的知识库，这将极大地促进沟通。更重要的是，你创建的图表越多，你就越了解模型和创新方向之间的关系，就越能熟练地解决问题。

问：我如何确定建模的抽象级别？换句话说，我应该采取多"广泛"的观点？

这个问题没有简单的答案。一般来说，随着建模经验的逐渐丰富，你会发现你更容易确定所需的抽象级别。最好的抽象级别是允许你以高效且有效的方式解决问题的级别。作为一般规则，我们可能会从自己认为是一个较高的层次开始，然后向下展开一级细节，让我们比以前看得更深入一点。

我们还应该注意系统中可以控制和不能控制的事情。开始要聚焦能控制的事情。例如，如果已确定问题的根本原因是在从供应商购买的标准电机上，并且无法控制电机的设计和制造，那么对其详细信息建模是毫无意义的。这个事情超出了你的控制范围。

如果无法在供应商级别解决问题，你可能需要找到绕过此问题的方法——比如使系统对电机的缺陷不那么敏感。

无论功能模型图的抽象级别如何，在当前视图中完整定义所有连接（及其关联功能）是很重要的。

- 包含非必要功能的模型（过于抽象的模型）可能只会产生不适用的创新方向。
- 一个关注点太窄的模型可能根本不会产生任何有希望的创新方向。
- 不包含所有功能/连接的模型将包含"差距"，从而生成不完整的创新方向列表。（没有办法确保丢失的方向不是你一直在寻找的突破口！）

问：如何建模动态的过程？

许多过程包括动态特征，必须对这些特征进行充分建模。

考虑图 8-20 这张功能模型图，该图建模了（a）过程的动态性，（b）这种动态性对系统的影响，以及（c）消除过程变异的控制系统。

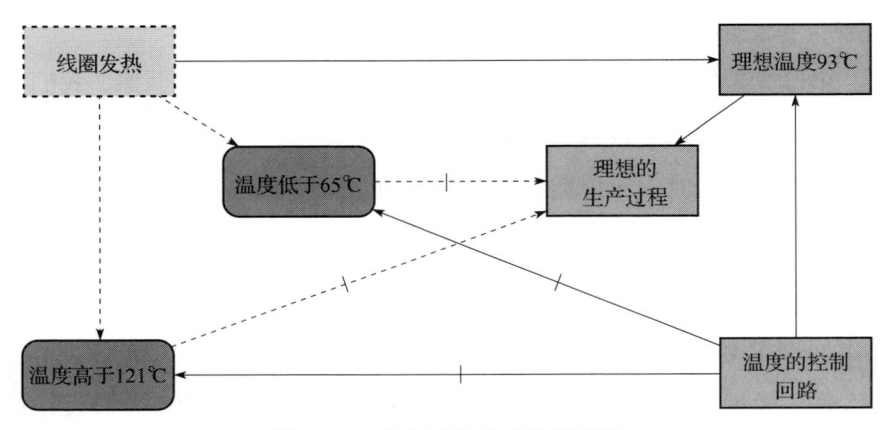

图 8-20　动态过程的功能模型图

问：如何建模成本削减方案？

让我们从不做的事情开始。新手在建模降成本的问题时犯的主要错误是试图建模系统组件，而不是建模与组件相关的功能。

这就是说，一个降成本的功能模型图就像任何其他功能模型图一样。首先列出所有组件，然后列出每个组件的所有功能（主要有用功能、次要功能和辅助功能）。现在，你拥有了创建功能模型图所需的信息。

问：即使没有具体问题，能创建功能模型图吗？

创建功能模型图的原因不同。TRIZ 主要侧重于解决问题，但你也可以开发"用于理解的模型"，以增加对系统的理解，记录你的知识，并将其传达给他人。一般来说，这种模型包含系统及其工作方式的更广泛、更详细的内容。让我们用一个简单的例子来说明其中的一些差异。这里有两个与测量湖中水量有关的功能模型图。

（1）用于解决问题的模型。

图 8-21 的功能模型图遵循前文所述的功能模型图构建规则。

（2）用于理解的模型。

第二个模型打破了前文所述的功能模型图构建规则。例如，我们添加了与测量湖中水量没有直接关系的信息。在创建用于理解的功能模型图（见图 8-22）时，可以通过创建流程图和反馈循环来打破规则。但请记住，这种功能模型图是用来理解和沟通的，而不是用来解决问题的。

作为功能模型图最后的说明，在此提醒大家，重复练习对于熟练地提出问题是必不可少的。换句话说：要么使用它，要么失去它！请记住，你的模型可能与这些不完全一样。重要的是，你的模型要合理地描述你所理解的情况。

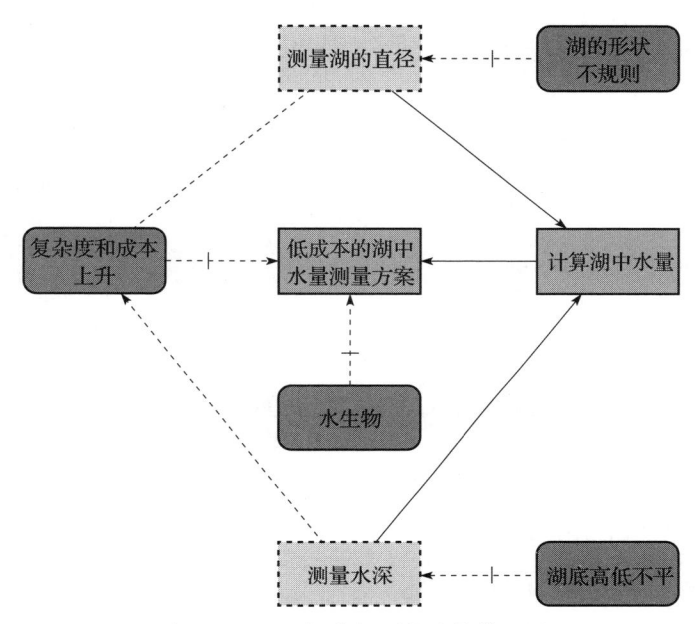

图 8-21　用于解决问题的功能模型图

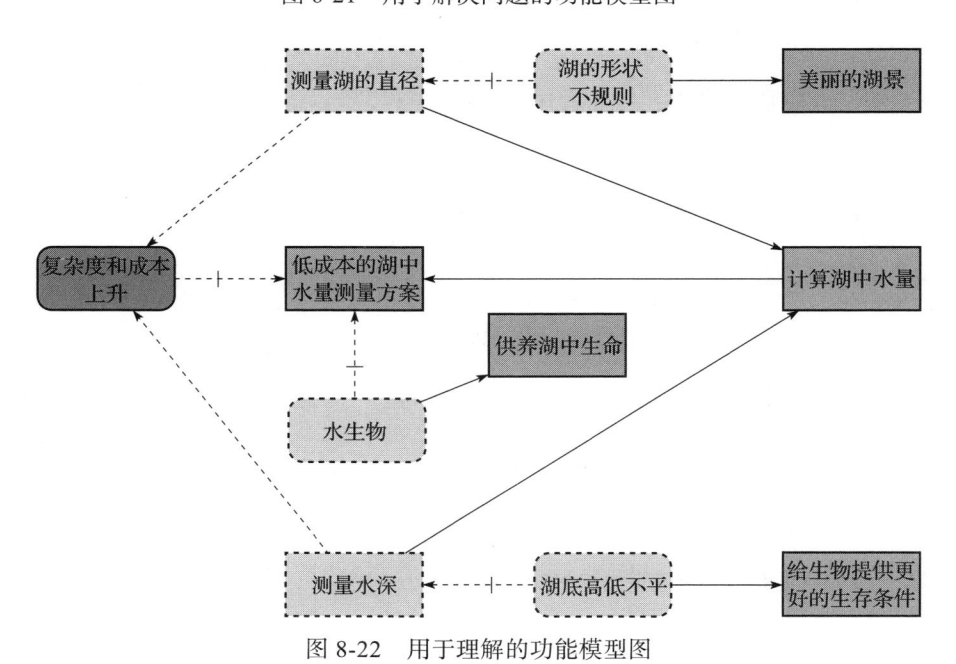

图 8-22　用于理解的功能模型图

创新方向

功能模型图构建完成后，就可以生成创新方向了。创新方向是根据功能模型图中的功能类型和功能组合生成的。有三种类型的创新方向。

（1）对于一个有用的功能。

一个有用的功能产生如下创新方向。

找到一种替代方案来获取提供以下功能的有用功能。

- 提供所有有用的结果，包括：
  - 产生有用的功能。
  - 阻碍（消除）有害功能。
- 不提供任何有害结果，有害结果包括：
  - 产生有害功能。
  - 阻碍（消除）其他有用的功能。
- 不需要有用的功能作为输入。
- 不受有害功能的影响。

（2）对于一个有害的功能。

一个有害功能产生如下创新方向。

找到消除、减少或防止有害功能的方法，以避免有害结果，有害结果包括：

- 产生有害功能。
- 阻碍（消除）有用的功能。

（3）对于一个矛盾。

一个矛盾产生如下创新方向。

尝试解决以下矛盾。

- 应该存在有用的功能，以便产生所有有用的结果，包括：
  - 产生有用的功能。
  - 阻碍（消除）有害功能。
- 不应该存在有用的功能，以避免所有有害的结果，包括：
  - 产生有害功能。
  - 阻碍（消除）有用的功能。

应用 IWB 软件解决问题

IWB 软件是鲍里斯·斯洛提毕生经验的结晶，是他日常工作中使用的 TRIZ 工具软件。使用 IWB 软件画完功能模型图后，就可以一键生成所有的创新方向列表。IWB 软件会针对功能模型图中的每个功能生成全量的创新方向，提供了一个完整的解决方案空间。并且，他还在 IWB 软件中集成了几百个算子（Operator）和数千个精挑细选的案例。只要选择一个创新方向，IWB 软件就会推送相关的算子及其关联案例，方便我们进行创意发想。这几百个算子是他从 TRIZ 理论的各种工具中提炼出来的解题套路，其作用类似于发明原则，但是比发明原则更宽泛、更细致。如果说 40 发明原则是 40 个外求的"苹果"，这几百个算子和几千个案例就像几百上千个"苹果"，都是外求的机会，有助于启发新的思路。我们来看一个用 IWB 解决问题的案例，同时也了解一下 IWB 软件的基本操作。

问题来自电缆的运输过程。粗重的电缆要埋在道路边，这就需要用卡车将电缆从工厂运输到安装地点。电缆出厂时卷成一卷，形成一个圆筒状，这样安装时方便从中抽取出电缆。一卷电缆体积非常大，足足占用了半个卡车车厢，导致一辆卡车只能装两卷电缆。卡车行进过程中存在加速和减速运动，在此过程中惯性力会导致电缆从卡车上掉落（见图 8-23）。我们看一下鲍里斯·斯洛提如何解决这个问题。

图 8-23　电缆从卡车上掉落

首先，要创建电缆掉落问题的功能模型图。打开 IWB 软件后，能看到界面分为左右两部分。左边是导航栏，右边是信息栏。在左边导航栏点选"Problem Formulation and Brainstorming"，右边信息栏就会出现创建功能模型图的按钮"New Diagram"（见图 8-24）。点击"New Diagram"，输入功能模型图的名称，就创建了一个空白的功能模型图。需要注意的是，导航栏是 HTML 格式的，并且可以编辑。新创建的功能模型图会插入在上一次编辑的位置。建议首先编辑导航栏，将光标停留在"Problem Formulation and Brainstorming"和"Develop Concepts"之间，这样可以保证新创建的功能模型图落在二者之间的位置。

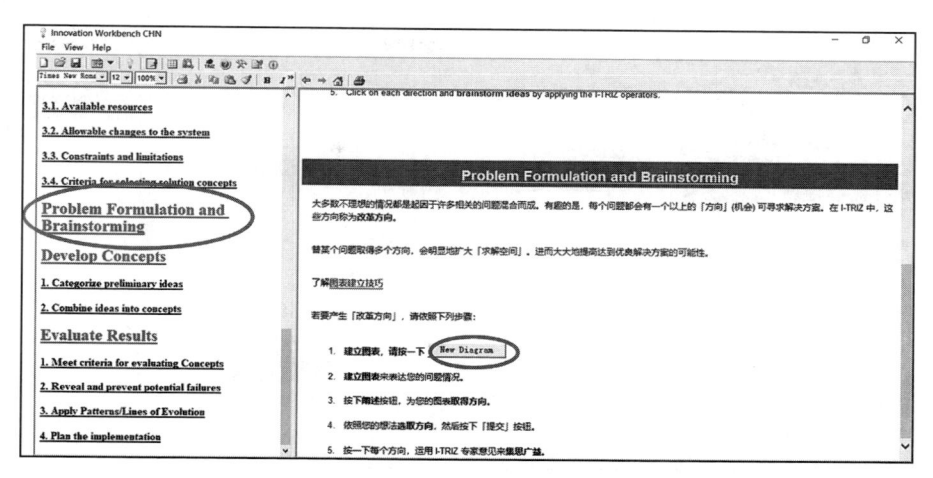

图 8-24　创建功能模型图

在 IWB 软件中创建功能模型图需要两个操作：一是画框，二是连线。画框可以通过在空白处双击鼠标左键，这样会弹出一个对话框，输入功能描述，选择"Useful"（有用的）或者"Harmful"（有害的）即可完成一个功能框。连线需要比较精确的鼠标操作。首先把鼠标放在出发的框边上，当灰色外框出现时，按下鼠标左键不放松，然后一直按着左键移动鼠标到目标框里面，再释放左键，此时出现一个对话框，选择"Produces"（产生）或者"Counteracts"（阻碍），就完成了一个连线（见图 8-25）。

在这个功能模型图中，鲍里斯·斯洛提选择了最少的 6 个框来表达电缆掉落问题。首先，"电缆"要"运输到目的地"才能"安装"；其次，"电缆"要做成"圆形"才方便"安装"；然后，"运输"过程产生了有害的"惯性力"；最后，在"惯性力"和"圆形"的共同作用下，"电缆掉落"是最终结果。在这里，卡车及其运动信息被抽象成了"运输到目的地"和"惯性力"，使模型看起来更简洁，直击重点。

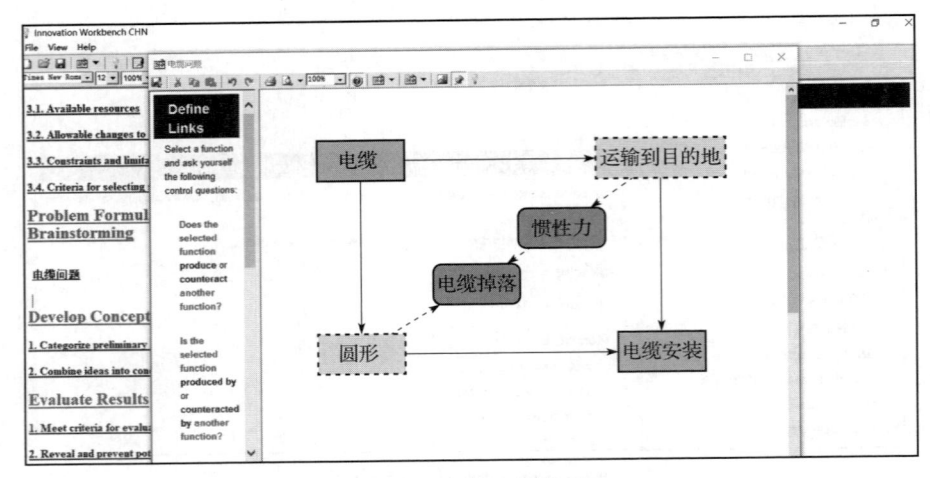

图 8-25　绘制功能模型图

　　功能模型图完成后，点上面的小图标"Directions for Innovation"（问号右边的那个图标），就可以看到左边生成了所有的创新方向，包括 4 个有用功能、2 个有害功能和 2 个矛盾。在左边的创新方向栏内点鼠标右键，选择"Select All Directions"，就可以一次性把所有创新方向都勾选上，然后点"Submit"，这些创新方向就会出现在主界面的导航栏里。如果点右边功能模型图中的某一个框，左边就会把和该功能相关的创新方向用不同的底色标识出来。比如图 8-26 中右边选择的是"圆形"，左边和"圆形"相关的创新方向 4 和 5 就高亮起来。

　　鲍里斯·斯洛提选择了创新方向 5 "Resolve the contradiction：圆形 should be provided to produce 电缆安装 and shouldn't be provided to avoid 电缆掉落."进行创意发想。电缆既要是圆形，又不能掉落，这是一个矛盾。前面为了演示 IWB 软件的操作，软件界面是翻译过的，下面的内容将直接引用原始版本的软件截图（英文版，见图 8-27）。

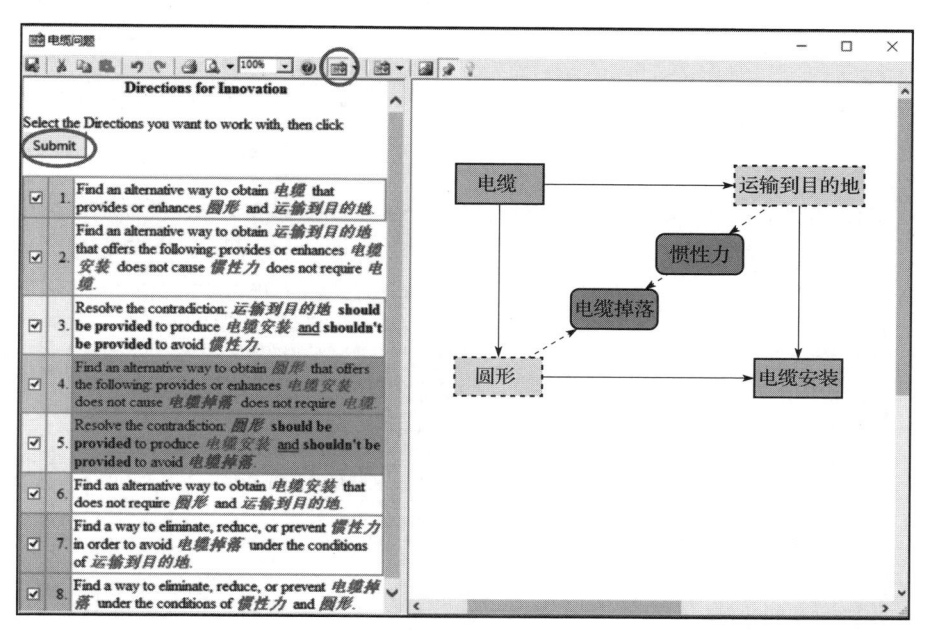

图 8-26　生成创新方向

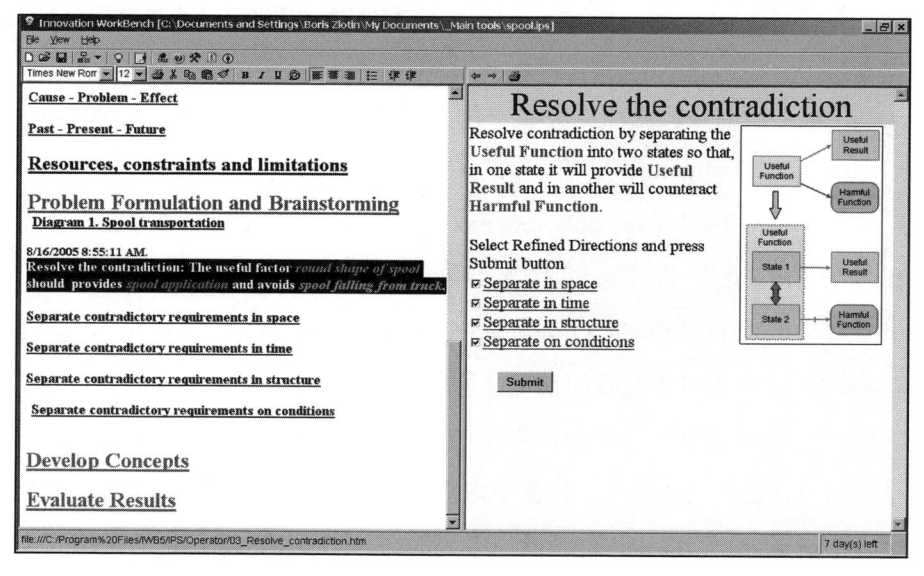

图 8-27　选择创新方向

首先，点击导航栏的创新方向，因为这是一个矛盾，右边信息栏会推荐解决物理矛盾的四大分离原则。可以把这四大分离原则全部选中，点"Submit"，左边导航栏就会出现四大分离原则的超链接（见图8-28）。

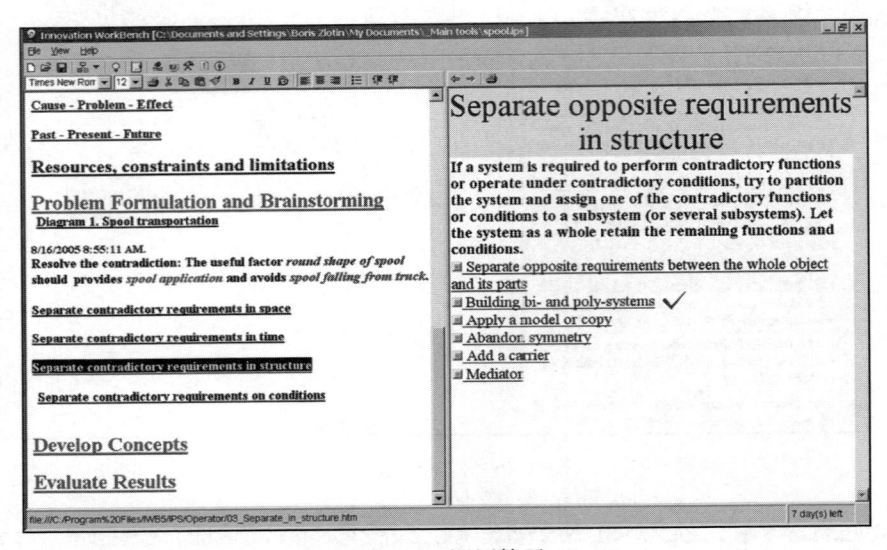

图 8-28　调用算子

鲍里斯·斯洛提选择了系统（结构）分离，点"Separate contradictory requirements in structure"，右边信息栏就推荐系统分离相关的算子。继续点算子"Building bi- and poly-systems"，右边信息栏就进入和构建双系统和多系统相关的算子列表（见图8-29）。

继续点算子"Build a homogeneous compensating bi-system"，就能看到该算子的介绍及推荐的案例（见图8-30）。

右边信息栏的上半部分是算子的介绍，下半部分是案例说明。什么是"同质补偿的双系统"？是指考虑把两个同质的系统、物体或流程组合成一个新系统。这样也许能消除原系统的缺点。下面的案例说的是把两栋高楼用一个结构件连起来，构成一个双系统。这样，由于二者的共振频率不同，当地震来临时，两栋楼会互相拉扯，提高了二者的抗震能力。看到这里，鲍里斯·斯洛提就得到了一个好点子：把两个电缆连起来！

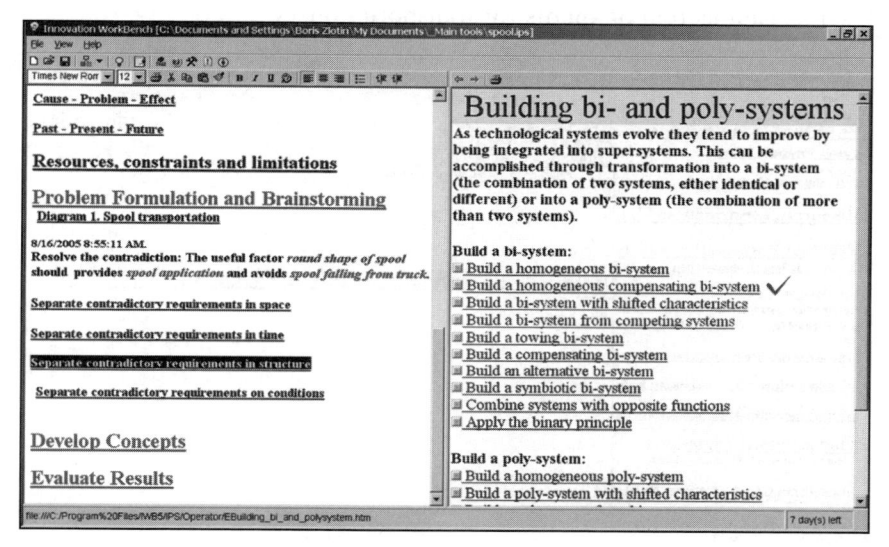

图 8-29　继续调用算子

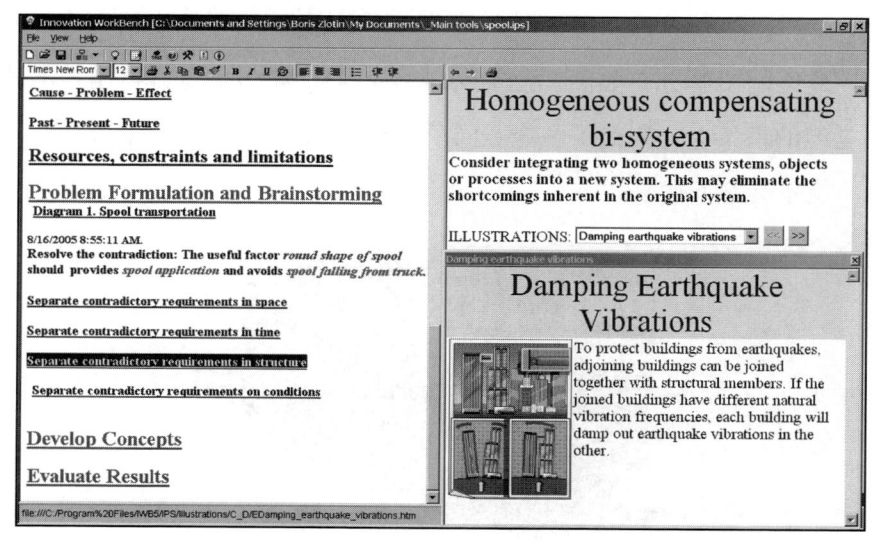

图 8-30　查看算子及其推荐的案例

鲍里斯·斯洛提还在 IWB 软件里集成了点子记录器。点击上方的灯泡图标就可以调出点子记录器，随时随地记点子。图 8-31 是他记录的点子"Connection of spools for transportation"。

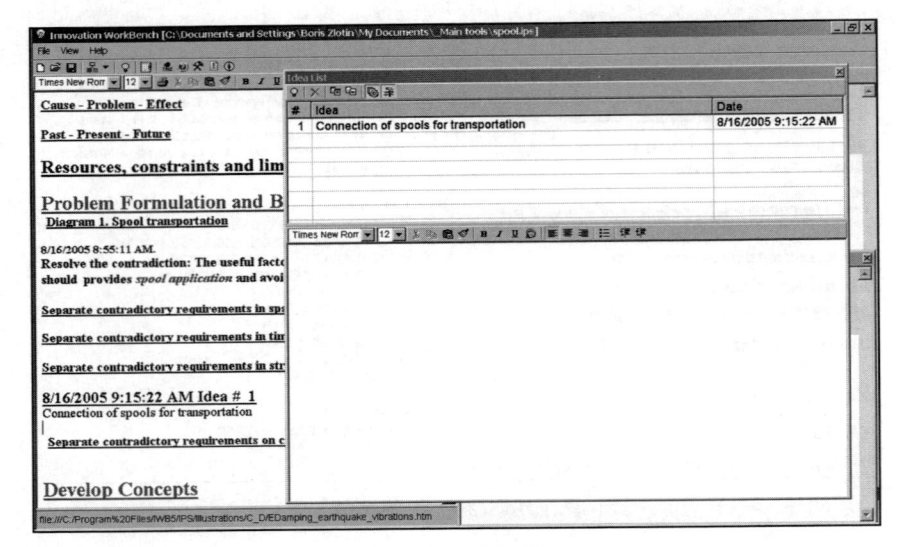

图 8-31　记点子

最终的实施方案如图 8-32 所示。鲍里斯·斯洛提通过钉两根绳子在电缆的框架上，构建了一个"同质补偿的双系统"，两卷电缆互相拉扯，就不会滚下去了。

图 8-32　最终采纳的解决方案

以上只是举例一个落地的点子，说明如何用 IWB 软件画功能模型图及产生创意点子。实际上，鲍里斯·斯洛提在解题过程中产生了不少的点子。这个点子之所以被采纳落地，是因为其成本最低，最容易实施。我们在运用 IWB 软件解题的时候，就是根据创新方向列表逐个审视推荐的算子和案例，看看是否能产生点子，有点子就及时记录。在这个过程中往往会产生一大堆点子，把它们都记录下来，然后再从中选出性价比最高的点子进行验证实施。

由于 IWB 软件生成的是全量的创新方向，每个创新方向都会推荐多个算子乃至子算子，如果全部遍历需要耗费大量的时间和精力。为了集中精力解决重要的问题，有时候可以提前对创新方向进行取舍。处理大量创新方向的一种方法是对它们进行分组，以下是对分组的一些建议：

- 快赢——可立即验证或实施的创新方向。
- 长期——需要一定程度深入研究的创新方向。
- 超出范围——由于某种原因不可接受的创新方向。

完成此操作后，就可以根据目标选择要使用的创新方向。但同时还建议遵循以下一般准则：

（1）寻找新的（意想不到的）方向，通常很容易产生新点子。使用 IWB 软件的好处之一是，它揭示了你可能没有想到的创新方向。不要忽视这个好处！

（2）聚焦矛盾。因为解决矛盾通常会产生具有高理想性的解决方案，所以建议选择所有和矛盾相关的创新方向。并且，针对每个矛盾，还可以应用矛盾矩阵和发明原则进一步发想更多的创意。

小结

问题建模使用创新的语言，揭示了系统内在的因果逻辑。问题建模得到的功能模型图是一个单向的因果图，从中我们得到三类创新方向：增强有用功能、消除有害功能或解决矛盾。IWB 软件可以用于绘制功能模型图，并生成全量的创新方向。沿着每个创新方向的指引，IWB 软件还推荐了算子及案例。这几百个算子和几千个案例都是外求的机会，有助于激发创意。功能模型图的另外一个好处是揭示了矛盾，可以应用矛盾矩阵和发明原则进一步发想更多的创意。

功能模型图的四个完整性问题。

1. 我产生了谁？

2. 我阻碍了谁？

3. 谁产生了我？

4. 谁阻碍了我？

注意功能模型图的常见陷阱。

1. 使用流程图。

2. 不同的观点没有分别建模。

3. 没有定义所有的连接。

4. 复合矛盾。

功能模型图的建模策略如下。

策略 1：消除缺点。

策略 2：增强有用功能。

策略 3：主节点方法。

策略 4：先画框，后连线。

"该做的和不该做的"。

- 功能模型图的规模控制在 15 ~ 25 个框。
- 始终专注于真正的问题。
- 尽量排除那些你绝对无法控制或改变的功能。
- 确保连接是"合理的"。
- 避免基于时间的功能链。
- 避免在模型中包含与问题情况无关的细节。
- 请对每个备选方案使用单独的功能模型图。
- 选择合理的层级，展现相关细节。
- 不要在模型中包含新点子或可能的解决方案。
- 不要在一个功能模型图中包含同一问题的多个解决方案。
- 即使是复杂的问题也可以（而且应该）在问题建模中使用简单的、非特定技术的术语建模。

第 9 章

TRIZ解题步骤
ARIZ-2017C

随着TRIZ理论的不断发展，根里奇·阿奇舒勒一直致力于开发出一套系统化的TRIZ解题步骤。该工作在1985年完成，并发布了ARIZ-85C解题步骤。此版本作为阿奇舒勒时代的最后一个版本广为流传，并为多数TRIZ书籍所引用和介绍。

国际TRIZ学会（International TRIZ Society，ITRIZS）由鲍里斯·斯洛提（Boris Zlotin）与阿拉·祖斯曼（Alla Zusman）以及多位TRIZ专家于2006年创办。斯洛提与祖斯曼都是与TRIZ创始人根里奇·阿奇舒勒关系非常紧密的同僚。全球多家知名企业皆因获得ITRIZS的认证与项目辅导而获得显著的效益增长。

在华为的实践过程中，为了让TRIZ方法能够在研发部普及，需要解决软件工程师的使用障碍问题。经过华为和ITRIZS的共同实践探索，最终输出了一份软、硬件工程师都可以方便应用的ARIZ-2017C解题步骤。其中，软、硬件通用的TRIZ工具保留在一级，而传统的ARIZ-85C、功能属性分析（function attribute analyze，FAA）等工具则作为更高级别的学习要求。自此以后，TRIZ方法逐渐在华为普及开来，取得了一些创新成果，包括上千个专利。

图9-1展示了ITRIZS发布的ARIZ-2017C解题步骤。其中能看到各个阶段都摆放了一些灯泡。这是鲍里斯·斯洛提特意放上去的，目的是提醒我们随时随地记录点子。

图9-2是ARIZ-2017C（一级）相关的工具，也是本书的重点。

ARIZ-2017C解题步骤包括四个阶段：问题调研（Questionnaire）、问题建模（Formulation）、创意发想（Develop）、评估与实现（Evaluate）。每个阶段都有推荐使用的一级工具。

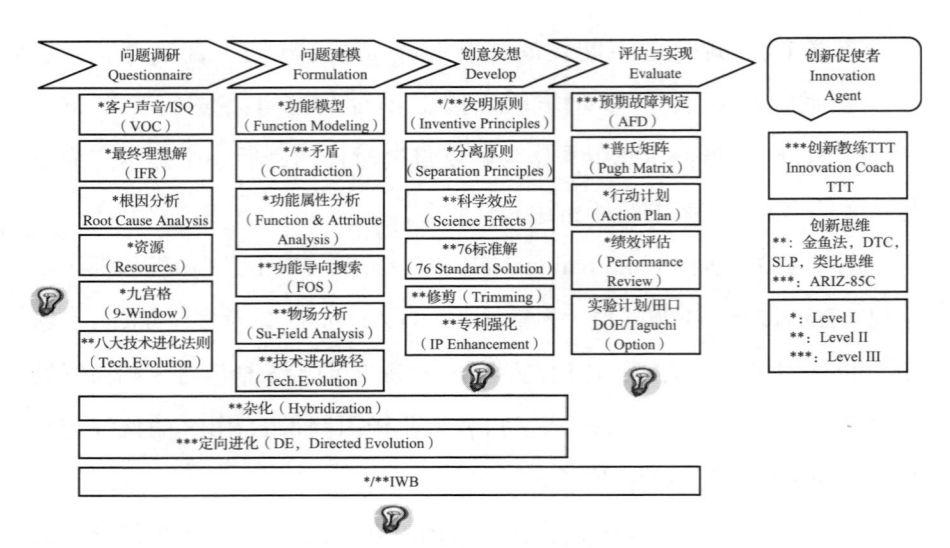

图 9-1 ITRIZS 发布的 ARIZ-2017C 解题步骤

问题调研 Questionnaire
- *客户声音/ISQ（VOC）
- *最终理想解（IFR）
- *根因分析 Root Cause Analysis
- *资源（Resources）
- *九宫格（9-Window）
- **八大技术进化法则（Tech.Evolution）

问题建模 Formulation
- *功能模型（Function Modeling）
- */**矛盾（Contradiction）
- *功能属性分析（Function & Attribute Analysis）
- **功能导向搜索（FOS）
- **物场分析（Su-Field Analysis）
- **技术进化路径（Tech.Evolution）

创意发想 Develop
- */***发明原则（Inventive Principles）
- *分离原则（Separation Principles）
- **科学效应（Science Effects）
- **76标准解（76 Standard Solution）
- **修剪（Trimming）
- **专利强化（IP Enhancement）

评估与实现 Evaluate
- ***预期故障判定（AFD）
- *普氏矩阵（Pugh Matrix）
- *行动计划（Action Plan）
- *绩效评估（Performance Review）
- 实验计划/田口 DOE/Taguchi（Option）

创新促使者 Innovation Agent
- ***创新教练TTT Innovation Coach TTT
- 创新思维
  - **：金鱼法，DTC，SLP，类比思维
  - ***：ARIZ-85C
- *：Level I
- **：Level II
- ***：Level III

杂化（Hybridization）
***定向进化（DE, Directed Evolution）
*/**IWB

图 9-1 ITRIZS 发布的 ARIZ-2017C 解题步骤

图 9-2 ARIZ-2017C 解题步骤（一级）

问题调研 Questionnaire
- *客户声音/ISQ（VOC）
- *最终理想解（IFR）
- *根因分析 Root Cause Analysis
- *资源（Resources）
- *九宫格（9-Window）

问题建模 Formulation
- *功能模型（Function Modeling）
- *矛盾（Contradiction）

创意发想 Develop
- *发明原则（Inventive Principles）
- *分离原则（Separation Principles）

评估与实现 Evaluate
- *普氏矩阵（Pugh Matrix）
- *行动计划（Action Plan）
- *绩效评估（Performance Review）
- 实验计划/田口 DOE/Taguchi（Option）

*IWB

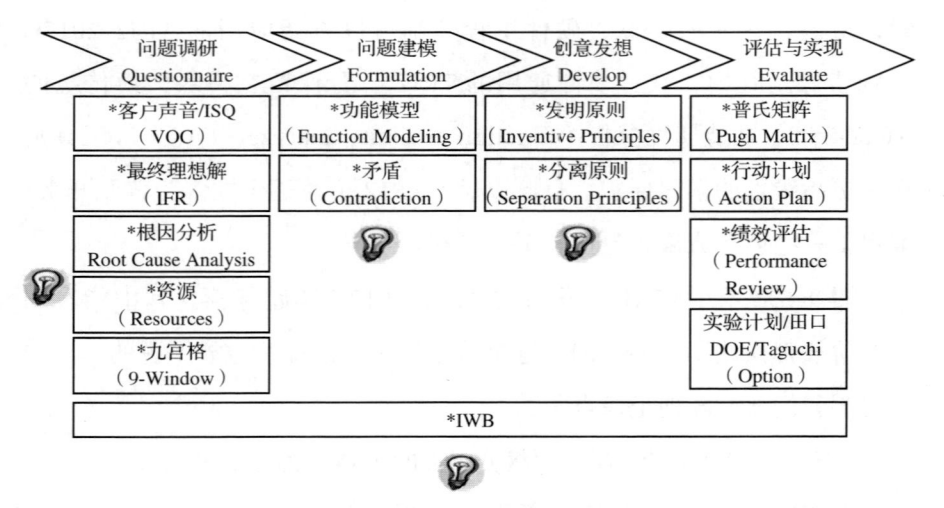

图 9-2 ARIZ-2017C 解题步骤（一级）

阶段一：问题调研

问题调研阶段的目的是确定项目目标、范围以及调查问题现状，为下一步的问题建模准备好必备的资料。当然，在问题调研过程中也可能会产生一些创意，同样要及时记录下来（记得在 30 秒内记录）。本阶段推荐的工具有客户声音（VOC）、最终理想解（IFR）、根因分析、资源、九宫格。其中，最终理想解、根因分析、资源、九宫格在前面几章已经有详细介绍。本节就围绕客户声音这个工具详细展开介绍。

客户声音

我们在解决一个问题之前，首先要确认一下这到底是不是个问题。和谁确认呢？当然是和问题解决后的受益人确认，一般这个受益人就是客户。客户提出问题，承担问题解决过程中的成本，并期望获得问题解决后的收益。

分析客户声音的五个步骤。

（1）确认收集客户声音的目的。

（2）客户类型及市场区隔。

（3）收集客户声音。

（4）分析客户声音。

（5）依优先度列出客户需求。

下面对这五个步骤逐一进行说明。

（1）确认收集客户声音的目的。

应用 TRIZ 的初衷是解决问题。所以，这里一定有一个提出问题的人。这个人可能是最终客户，问题就是客户的抱怨；这个人也可能是领导,问题来自内部的各种考核指标,比如收入、利润、成本、质量、竞争力等。由于 TRIZ 常常面临的是技术问题,其中一项压力就可能直接来源于竞争对手的产品。竞品的某项指标比我们先进,那就需要去超越,去创新,要用 TRIZ。无论如何,这里都有一个初始的问题描述。

ITRIZS 提供了一个简单的问题收集模板,样例如表 9-1 所示。

表 9-1 问题收集模板及示例

第一步: 收集问题	目前在工作上,是否遇到什么<u>技术问题的瓶颈</u>需要突破?或是有什么是<u>产品及技术上客户或领导要求</u>,要做得更好,但一直未达到他们的要求? 回答样例: ***** 产品散热要求从原来的 16W 提高到现在的 28W,因散热空间限制无法实现		
第二步: 问题的创新与改善目标	目标:找到成本适中的可行性方案		
问题		曾经采取过的做法或存在的新想法	执行结果与困难或是副作用
***** 产品散热要求从原来的 16W 提高到现在的 28W,因散热空间限制无法实现		寻找更高效的散热器,突破局部散热瓶颈	体积大、成本高,安装困难

(2)客户类型及市场区隔。

市场区隔是一个流程,指根据相似的客户需求或特征以及那些可能近似的购买行为,将市场分解成几个潜在的客户群。

区隔研究的目标包括以下几个。

- 分析市场。
- 在这些市场中发现机会。
- 利用有优势的竞争位置。

客户类型按"公司"内外范围区分为以下两类。

- 外部客户：是指组织外部接受产品或服务的组织或个人，如消费者/最终使用者、渠道/通路商、零售商等。
- 内部客户（员工）：是指组织内部依次接收产品或服务的人员或部门。通常，我们将其描述为流程输出的接收者。如对于产品生产流水线的装配工来说，下道工序的操作者就是上道工序的客户，依此类推。

客户类型按产品或服务的"使用"性划分为三类。

- 直接/主要客户（Direct/Primary Customers）：直接得到产品或服务的客户。
- 次要客户（Secondary Customers）：从其他个体得到原始或加工后的产品或服务的客户。
- 间接客户（Indirect Customers）：其他对该产品或服务有兴趣的客户群，如规章、政策拟定者或决策的相关人员。

所有客户可被分类至客户区隔表（见表9-2）中。这些都是关键利益人，他们的需求都要考虑到，建议纳入下一步访谈或调查的计划里。

表 9-2　客户区隔表

	外部客户	内部客户
直接/主要客户		
次要客户		
间接客户		

例如，PC显示器面板公司针对它们的客户进行市场区隔分析的结果如表9-3所示。

表 9-3 PC 显示器面板的客户区隔样例

	外部客户	内部客户
直接/主要客户	惠普 戴尔 联想	销售部 营销部
次要客户	最终用户	财务部 会计部 经管部
间接客户	环境法规 面板专利	质量部 法务部

客户需求调查是一门可以深入研究的学问。此处仅针对在技术创新中遇到问题时，如何确认客户的真实需求略微展开。其他可以参考的分析维度如图 9-3 所示的"细分市场的类型"。因为不同背景的客户可能对我们的产品或服务提出不同的需求。有时候，一个产品在 A 客户这边使用得很满意，但是到了 B 客户那里有可能会不满意。特别是涉及文化差异的时候。比如，中国人喜欢喝热水，中餐厅一般上热的茶水；西方人喜欢喝凉水，西餐厅就会上冰水。

（3）收集客户声音。

可以通过对现有数据进行分析来获取客户声音，也可以主动和客户交流来获取客户声音。

对现有数据进行分析的方法可以用前面提到的头脑风暴加亲和图的方法，最终输出一棵需求树。现有数据通常存在于：

- 当前和以前的客户纠纷或问题。
- 当前和以前未满足的客户需求。
- 当前和以前客户对于某个产品或服务的兴趣记录。

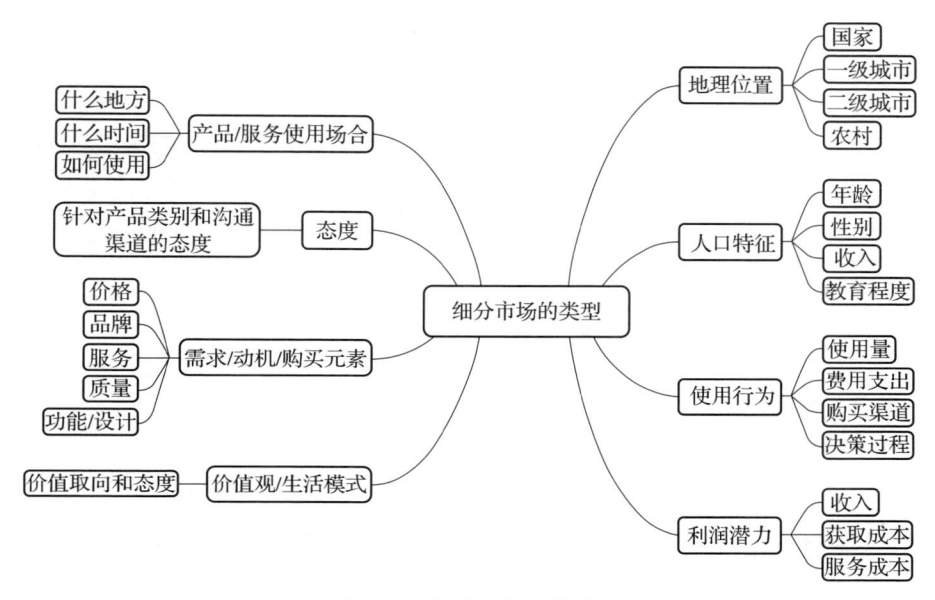

图 9-3 细分市场的类型

现有数据的来源包括：

- 客户抱怨（电话或书面的）。
- 问题或服务热线。
- 技术支持电话。
- 客户服务电话。
- 索赔、信用、有争议的付款。
- 销售报告。
- 产品退回信息。
- 质量保证。
- 网页。

图 9-4 是一个需求树"及时正确的发票"的样例。

图 9-4　及时正确的发票

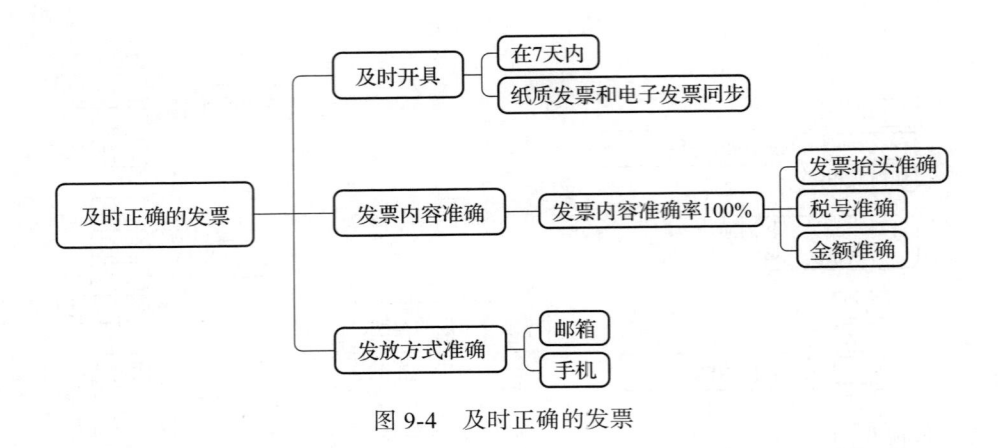

主动交流获取客户声音的方法有访谈和调查。

访谈

访谈适用于少量关键客户，需要提前准备访谈计划、访谈大纲，并预约足够长的访谈时长，通过和客户的深入交流来明确问题产生的背景、客户的观点以及关键衡量指标。一般由一个或多个开发团队的成员参与客户访谈，讨论其需求。访谈地点大多选在客户所在的环境中，访谈时间大约是 1～2 小时。

访谈团队的基本准则：

- 访谈客户是为了倾听与搜集 VOC，而非解决问题或去销售。
- 大部分时间让受访者说话。

访谈前需要准备：

- 决定访谈类型与对象。
- 确定时间和地点。
- 设计访谈大纲。

- 进行仿真/模拟访谈演练，并进行优化。
- 访谈者事前准备（访谈培训与演练、掌握主题的相关背景知识与事先询问录音录像意愿、礼物与酬劳等）。
- 定义团队角色与责任。

主访员——负责主要发问。

协访员——负责补充发问。

记录员——负责主要记录。

观察员——负责观察并记录客户的肢体语言。

- 访谈物品清单。

记录板、纸、笔、相机、摄影机、录音笔（不建议用手机，因为录音容易被来电打断）、秒表、工作证、镜子（检查自己的仪容）、礼物等。

在访谈时，客户首次的回答通常都是不完整的，需要持续追问去发掘事实。以下是常用的追问问题。

Q1. 您为什么使用这类产品？从何时开始的？

Q2. 请示范一下您使用本产品的一般情形。

Q3. 您喜欢现有产品的什么地方？

Q4. 您不喜欢现有产品的什么地方？

Q5. 您所遇到的状况是如何？

Q6. 您是如何使用它的？

Q7. 可以请您举个例子吗？

Q8. 可以请您说明当时操作的过程吗？

Q9. 这对您造成了什么影响？

Q10. 您会将产品做什么改善？

Q11. 您在采购产品时会考虑到哪些因素？

借由持续追问将客户的抱怨转化成客户对产品功能的需求的案例如图 9-5 所示。

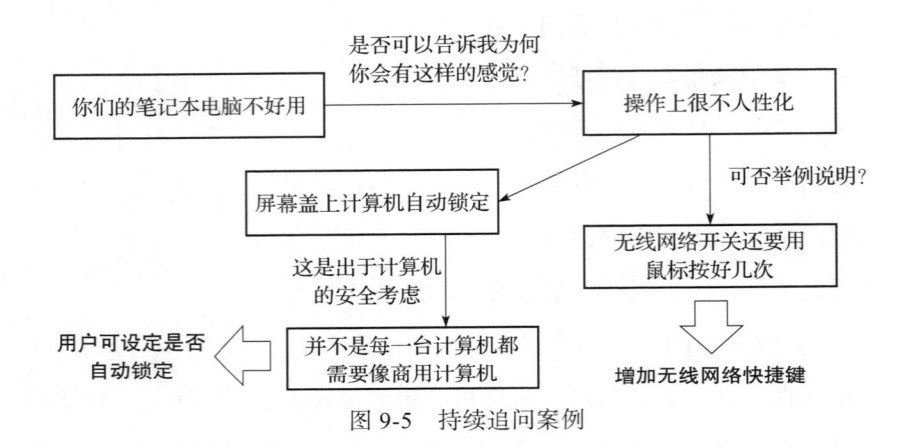

图 9-5　持续追问案例

表 9-4 展示了一个深度访谈大纲案例。

表 9-4　深度访谈大纲案例

< 开场 >
1. 自我介绍、被访者（　）自我介绍 2. 介绍访谈目的 3. 确认访谈事项 4. 致赠礼品
< 热身题 >
安全研究工作经验（请问您现在涉及的安全方面的主要研究方向和功能是什么？为什么要研究这个课题？）
< 进入主题 >
1. 您认为现在全球在××安全生产研究方面有哪些趋势和新技术、新的研究方向？ 2. 在全世界的××产业安全控制最好的国家是哪些？采取了哪些必要措施？如在安全预防、监控等方面？ 3. 您觉得目前国内××做得最好的（在安全预防、监控上）是哪些？该××的特点是什么？ 4. 国内××安全生产方面有哪些不足和问题？和国际领先××相比有哪些差距？为什么？ 5. ××安全问题主要因素是什么？包括人、设备、环境、法规等方面。为什么？ 6. 您觉得在××安全生产上，最难预防和最难预警的问题是什么？为什么？您认为应该如何解决？

（续）

< 进入主题 >

7. 您的 ×× 安全研究是基于什么样的输入及信息反馈，涉及哪些关键信息（比如人、物、环境、设备、法规）？

8. 现有 ×× 安全系统使用情况如何？安全系统的操作便利性如何（被遗忘、出错、自动化）？还有哪些方面可以改进？

9. 根据您的研究，×× 如何收集安全相关数据？收集哪些数据？收集的频率？有何技术手段确保 ×× 生产数据的及时性与准确性？

10. 下班后，有哪些安全要素（TOP5）需要不间断地持续监控与运行？希望这些运行输出什么样的安全结论或风险提示？

11. 您对全国 ×× 做统一的安全监控和管理的看法？您认为应该如何实施全国的统一监管？

12. 您觉得什么样的 ×× 会让监管机构觉得安全、放心？

13. 请问您对提升 ×× 员工、家属安全感知方面有何建议？

14. 请问针对目前国内 ×× 的安全信息系统，您觉得还有哪些需要改进的地方？

15. 结合您对 ×× 安全的研究，您觉得未来信息技术的发展，例如 AI、5G、边缘计算等，会对安全生产方面的提升带来哪些改变？在提升 ×× 安全方面，您理想的、智能化的安全信息系统应该是什么样的？

< 结尾 >

1. 请问还有没有什么想要分享或补充的？
2. 致谢
3. 补访
4. 道别

调查

调查适用于大量的目标客户，通过批量发放调查问卷的形式，请客户评估哪些是客户真正关心的问题。

调查中最重要的是确保被调查的对象能够代表目标客户群。如果抽样的样本没有代表性，那么所得到的调查数据就不能代表客户声音，甚至会得出完全错误的结论。

1948 年美国总统大选是美国历史上的第 41 次总统大选，也是美国历史上最富戏剧性的大选之一。在任总统哈里·S.杜鲁门作为民主党候选人，与共和党候选人托马斯·杜威竞逐。选前，几乎所有专业预测和民意调查都认为杜鲁门将会被杜威击败。然而杜鲁门凭借其犀利的选举风格，巩固了民主党基本盘和南方白人、天主教徒及犹太人的票源，并意外地获得了美国中西部农场主的支持。杜鲁门因此奇迹般地逆转当选，实现民主党历史性的第五次成功的总统连任。

当时三大主要调查公司——赫斯特报纸的 Crossley、独立新闻的 Gallup 和《财富》杂志的 Roper 都宣布杜威获胜。图 9-6 是投票调查及实际选举结果。

候选人	Crossley	Gallup	Roper	结果
Truman	45	44	38	50
Dewey	50	50	53	45
Thurmond	2	2	5	3
Wallace	3	4	4	2

图 9-6　美国总统大选调查结果和实际选举结果

三家调查公司的投票结果都犯了"框架性错误"。它们的投票名单来自乡村俱乐部的花名册及电话簿，而不代表整个选民总体。受访者都趋于：

- 有较高的收入；
- 受过较好的教育；
- 住在漂亮的居住区；
- 并且有电话。

正是因为这三家调查公司的抽样样本出现了偏颇，仅能代表当时拥有电话的有钱人，不能代表普通人和中西部农场主，所以导致调查结果完全失真，不能反映真正的民意。

和访谈主要问开放式问题不同，调查主要问封闭式问题，目的是验证设想的问题是不是客户真正关心的问题。调查问卷的问题分为打分和打勾两种形式。

a）打分式。

一般会采用 5 分制或 10 分制来让客户对某个事项进行打分。比如：

您对于您目前所购买自行车的满意程度如何？（满分 10 分，10 分代表最满意，1 分代表最不满意）

未来您是否会考虑购买我们所生产的自行车？（满分 10 分，10 分代表最同意，1 分代表最不同意）

舒适的坐垫对于您购买自行车时的决策有多么重要？（满分 10 分，10 分代表最重要，1 分代表最不重要）

如果是 5 分制，可把每一个分数的含义进行标注，比如：

1- 非常不满意；2- 不满意；3- 一般；4- 满意；5- 非常满意。

b）打勾式。

另一种调查形式是勾选出所有适合者，用以找出客户所关心的频率与数量。

例如：您过去曾经买过哪种自行车？

☐ 休闲型

☐ 公路型

☐ 山地型

☐ 旅行型

☐ 折叠型

☐ 其他

（4）分析客户声音。

不论是访谈还是调查，收集来的客户声音都需要进行转化。只有把客户声音变成可以衡量的量化指标，并明确规格要求，才算完成了问题的确认。首先要从客户原话 VOC 中提炼出关键需求（CCR），然后再从关键需求进一步提炼出关键质量特性（CTQ）(见表 9-5）。

表 9-5 客户声音的转化

客户声音输入	客户的关键需求	关键质量特性
实际的客户陈述及意见	客户真正关心的问题、价值或期望	详细的、准确的及可测量的特性
"我不能摸到电视后面所有的连接器。"	希望能够在电视前面就能摸到后面的连接器	可以在 1 秒钟内从电视前端摸到连接器

找到关键质量特性后，也可以启动二次访谈或调查，以便更准确地获取客户关心的指标规格。

（5）依优先度列出客户需求。

在对客户需求进行排序时，常用的工具是卡诺（Kano）模型（见图 9-7）。

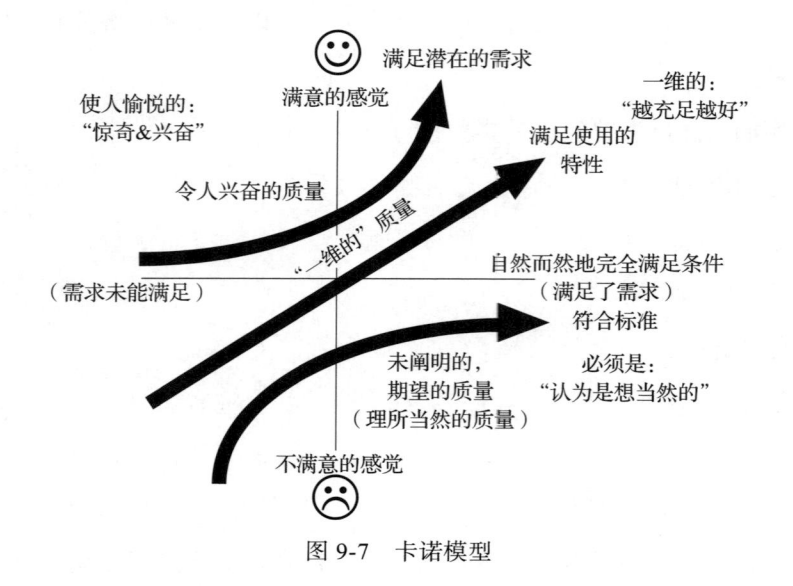

图 9-7 卡诺模型

a）符合标准——必须（可能不满意）。

- 当这些基本期望的达成水平提高时，几乎不能再使客户的满意度提高。
- 这些满足基本期望的特性的缺乏将导致快速地、非线性地蜕变成不满意。

例如：一个客户期望电动汽车在使用时是不会起火的，他的满意度不会因厂商宣称 100% 不起火而增加，但若是发生起火事故则会导致严重的不满意。

b）满足使用的特性——一维的（特征）。

- 这些需求的达成仅仅使客户的满意度成线性比率增加。
- 大多数客户的需求落在这一范畴。
- 对于这些需求，必须达到越高的水平越好。
- 客户满意度方面的 ROI（投入产出比）不是引人入胜的。

例如：10% 功能性的提高会带来 10% 的客户满意度的提高。

c）满足潜在的需求——使人愉悦的（兴奋）。

- 客户在过程、产品或服务具有更多的功能时会更满意，但在具有较少的功能时也不会不满意。
- 具有带来高额利润的潜力。
- 客户有可能认识到，也可能没有认识到这些需求。
- 一个没有满足这些潜在需求的设计照样可以使客户满意。
- 一个带有满足这些潜在需求的设计可能会带来客户满意度的非线性提高。

- 随着时间的流逝，令人兴奋的特性常常会变成一维特性。

在客户告诉我们（而不是我们自己决定）什么需求属于什么维度的时候，可以使用卡诺模型来帮助我们将客户的需求进行优先级排序。

卡诺模型的建议：

- 所有客户不满意的需求（符合标准）必须完全满足。
- 注意客户的陈述以精确地获得所有特征。
- 必须努力使产品创造出与众不同的特性（满足潜在的需求——使人愉悦的），在让客户满意的同时创造出真正的与众不同。
- 任何由令人兴奋的特性带来的好处都将暂时使竞争保持优势，竞争优势迟早会被追上。
- 为了保持优势，必须持续地创新。

将前面四个步骤得到的客户需求放到卡诺模型里，以便我们可以决定哪个需求应该先做，哪个需求可以后做。

最终理想解

客户声音输出的是本次 TRIZ 项目需要解决的问题，包括客户需求描述以及关键质量特性。从项目管理的角度而言，等于确定了项目的目标。

虽然最终理想解鼓励我们去突破当前系统的限制，设想最理想的系统。但是，从 TRIZ 项目的现实性考虑，一般建议把客户声音输出的项目目标直接作为最终理想解第一个问题的回答。

Q1. 什么是系统的最终目的？

例：噪声从 60dB 降到 50dB（见表 9-6）。

表 9-6　指标定义

指标名称	指标说明	单位	现状	目标值	挑战值
噪声	依据××测试标准，采用××测试仪，距离×米，测试×次，取平均值	dB	60	50	45

Q2. 什么是最终理想解？

在 Q1 的项目目标指导下，Q2 的理想解会更聚焦于目标的达成，避免过度发散。

Q3. 哪些事情阻止我们完成最终理想解？（达成理想解的障碍是什么？）

在 Q3 中，每一个被标识出来必须要攻克的主要障碍点就会成为一个子项目。每个子项目要完成各自的 Q4～Q7，以及应用后续的更多 TRIZ 工具，直到该障碍被完全解决。

Q4. 这些事情如何阻止我们完成最终理想解？

可以结合根因分析进行展开。

Q5. 如何使前项"阻碍因素"消失？（不出现这障碍的条件是什么？）

针对 Q4 的根因分析得到一些初始创意。

Q6. 创造这些条件存在哪些可用资源？

寻找可以将初始创意落地的资源。

Q7. 是否已有其他产业或研究能解决此"阻碍因素"？

通过一些关键词去搜索专利、论文、互联网等，看看是否有其他产业或研究能帮助我们克服障碍。

根因分析

如果最终理想解的 Q4 展开了详尽的根因分析，则不需要重复分析，此步骤可以略过。如果 Q4 做的根因分析不够完整，此处可以再进行一次完整的根因分析。

资源

如果最终理想解的 Q6 展开了详尽的资源分析，则不需要重复分析，此步骤可以略过。如果 Q6 做的资源分析不够完整，此处可以再进行一次完整的资源分析。

九宫格

针对 Q3 输出的每一个主要障碍点分别应用九宫格，并记录创意点子。九宫格的主题就是 Q3 的障碍点。

阶段二：问题建模

针对 Q3 输出的每一个主要障碍点分别应用 IWB 软件进行问题建模，构建功能模型图，并应用算子及推荐的案例想点子。在功能模型图的基础上进一步提炼出矛盾。按模板陈述技术矛盾和物理矛盾。

阶段三：创意发想

针对技术矛盾，应用矛盾矩阵得到发明原则，并通过发明原则发想创意。针对物理矛盾，应用四大分离原则发想创意。

阶段四：评估与实现

前三个阶段产生的每个创意都要及时进行编号。推荐按创意产生的时间顺序进行编号。阶段四的目的就是对所有创意进行评估，选择可行性高的创意进行验证，并将验证通过的创意投入实践。推荐的评估工具有"努力—影响矩阵"和"普氏矩阵"（Pugh Matrix）。普氏矩阵也译作卜氏矩阵。

努力—影响矩阵

努力—影响矩阵（见图 9-8）的纵轴是影响（Impact），横轴是努力（Effort）。对每个创意从这两个维度进行打分，然后筛选出优先验证实施的创意。

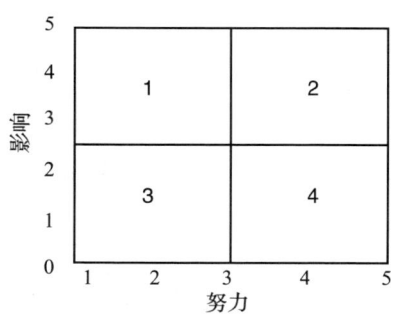

图 9-8　努力—影响矩阵

努力—影响矩阵的使用步骤如下。

（1）列出本项目的所有创意，并编号。

（2）分别通过如下两个标准对这些方法进行分类。

a）它们可能带来的效果或利益。

b）从设计、建造到完成所需要的努力，这种努力可以用所花费的时间、金钱或者两者结合起来进行衡量。

（3）请团队成员以其努力程度和影响程度为标准，分别对每一个创意进行打分评估。一般可以采用 5 分制或 10 分制。已经评估出部分创意后，后面的创意可以以这些创意作为参照点。例如，第 5 个创意是否比第 2 个创意更具效果？

（4）当所有的创意都在矩阵中列出后，可以给团队成员一些时间，确保他们对最后的结果取得共识。

（5）利用矩阵图对这些创意进行优化排序，应当从那些投入最少、获益最多的创意开始。

（6）依前所述，从矩阵图的左上角开始进行优化排序。假如这些创意实现之后，仍然不能达到预期目标，那么就再从矩阵图的右上角选择其他创意。

"1"区的创意只要付出相对较少的努力就可以获得较大的收益，优先考虑验证实施。其次考虑"2"区，付出的努力较大，收益也不错。对于一些短期内没有条件实施的创意，也可以考虑先申请专利，未来再考虑纳入产品规划。"3"区的创意可做可不做，取决于当前拥有的资源是否充足。比如在人力和资金都很充裕的情况下，为了增加收益，也是可以投入的。"4"区的创意一般就不考虑去验证了，除非前面三个区的创意都无法解决问题，确实没有更好的招数了，才考虑去验证实施"4"区的创意。

普氏矩阵

努力—影响矩阵是一个简单的二维创意选择工具。一般情况下，用努力—影响矩阵就可以对创意进行筛选过滤。但是，碰到创意数量非常多的时候，或者在验证创意的成本非常高、需要对创意进行精挑细选的时候，普氏矩阵则是一个更好的筛选工具。不仅如此，在创意评估的过程中还有可能通过互相比较而激发新的创意。

普氏矩阵是由斯图亚特·普氏（Stuart Pugh）教授所发展出来的，是基于团队讨论进行概念选择的方法。我们在思考的时候只有一个思考的焦点，但是被评估的对象有很多，而且评估的维度也很多，这里就存在一个矛盾：多维的评估结果和一个思考的焦点。我们的大脑无法同时容纳这么多评估结果，也就无法做出一个合理的评价。所以，借助普氏矩阵，就可以把这些多维度的评估结果逐个记录下来，并计算总分，让大脑可以轻松完成最佳创意的挑选。这个过程和我们通过列式计算多位数乘法的效果是一样的。想象一下，计算 213×73，普通人的大脑是无法直接给出答案的。但是，通过列式计算（见图 9-9），每个人都可以轻松得到结果。

```
      2 1 3
  ×     7 3
      6 3 9
    1 4 9 1
    1 5 5 4 9
```

图 9-9　列式计算

普氏矩阵可以协助设计人员：

- 从各种可能的选择方案中得出最佳的设计概念，以满足各项需求准则。
- 通过整合各种设计概念，强化设计结果。

普氏矩阵的好处如下。

- 能快速地点出可能解决方案的优点与缺点。如此可将优点保留下来，并修正或至少点出缺点。
- 其目标为改善最初所提出的想法，并于最后提出最佳的解。
- 改变原有概念构想产生混合构想。

- 小组可以把焦点放在一组构想方案上，而不会直接跳到单一解决方案。
- 可以增加工程师和小组对产品设计的了解。

普氏矩阵的使用步骤如下。

（1）决定创意评估标准。一般用产品的规格需求或客户要求，其他评估标准样例如下。

- 理想性的层次。
- 实施时间。
- 效率。
- 投资回报率。
- 可行性。
- 成本。
- 工作电压。
- 产能。

（2）选择被评估的概念——从TRIZ得出的创意总表，或经过努力—影响矩阵初步筛选出来的创意列表。

（3）选择一个"基准"（Datum）。常常是将现有产品或是目前市场上已知的技术当作基准。

（4）将创意和基准进行评比。

（5）可能的话，尽量用客观的尺度（或称为品质特性）作为评估的基础。

例如，可利用设计的零件数目评估组装成本。同样地，也可以用使用此装置时所需的动作数量来评估"容易使用"这一特性。这些客观的尺度降低了评估程序中人为主观判断的影响力。

（6）每个创意与基准做比较评估，如果：

- 明确产生更佳的效能，评定为"+"。
- 几乎一致的效能，评定为"S"（Same 的首字母）。
- 明确产生更糟的效能，评定为"-"。
- 分别加总各创意的"+"和"-"的个数。

（7）一旦完成了加总，团队便可将创意加以排序。

显然地，一般说来有较多正号、较少负号的创意排序较高。通常到了此阶段，团队可找出一至两项似乎可造成创意间差异的基准。

（8）将较好的创意整合在一起。

（9）是否因为一个不好的特征而降低了优秀创意的重要性？小部分的修正是否可以改善整个创意，并同时保持与其他创意的差异？

（10）其中是否有两项创意可以结合，如此可消除"较差"的特征，并同时保持其他"较好"与"一样"的关系？

（11）如有需要、反复评估求取优化后的创意。

（12）要很清楚地考虑，现阶段所得到的结果对每个人是否都有意义。如果是，将可减少错误，并确保整个团队在往后的开发活动中都能团结一致地投入。

最终入围创意的评价标准如下。

（1）技术系统原有的有害特征是否已消除？

（2）有用特征是否得到保留？是否产生了新的有用特征？

（3）是否出现了新的有害特征？

（4）系统是否变得更加复杂？

（5）原问题中的核心矛盾是否得到解决？

（6）以往被人们忽略的闲置或易得资源是否得到了巧妙应用？

（7）其他指标：是否易于操作，可推广性强？

表9-7和表9-8分别展示了不带权重的普氏矩阵和带权重的普氏矩阵。

表 9-7 普氏矩阵样例 1（不带权重）

关键指标	基准	#1 创意	#2 创意	#3 创意	#4 创意
指标 1	基准系统	+	+	-	S
指标 2		+	-	+	-
指标 3		-	+	+	-
指标 4		S	-	S	+
指标 5		+	S	S	-
"+"号个数		3	2	2	1
"-"号个数		1	2	1	3
"S"个数		1	1	2	1
		最佳创意			

表 9-8 普氏矩阵样例 2（带权重）

关键指标	权重	基准	#1 创意	#2 创意	#3 创意	#4 创意
指标 1	5	基准系统	1	1	-1	0
指标 2	3		1	-1	1	-1
指标 3	4		-1	1	1	-1
指标 4	2		0	-1	0	1
指标 5	5		1	0	0	-1
"1"个数			3	2	2	1
"-1"个数			1	2	1	3
"0"个数			1	1	2	1
加权总分			9	4	2	-10
			最佳创意			

行动计划

创意被采纳后，就需要付诸实施。先是要通过样机评估，然后落入产品设计。通常用 5W2H 方法来制订实施计划。

5W2H，即 What、Who、Where、When、Why、How、How much，由美国陆军兵器修理部首创，诞生于第二次世界大战中，由于简单、方便、易于理解、使用，富有启发意义，被广泛应用于企业管理和技术活动中，5W2H 对于决策和执行性的活动措施也非常有帮助，也有助于弥补考虑问题的疏漏。

5W2H 是一个先发散后收敛的过程，思考时按照事物构成要素，从规范的七个方面来思考，避免疏忽或遗漏。描述时则可以基于实际应用场景只描述有价值的重点信息，无效信息可以省略。

5W2H 的使用步骤如下。

（1）确认应用场景，根据应用场景选择相应的思考模式，确定提问的角度。常用的场景如下。

- 问题描述。
- 事件（原因）描述。
- 任务描述。
- 方案决策。

（2）发散思维，根据提问的问题，从不同的角度收集信息。

（3）信息收敛，从收集的信息中确定重点有价值的信息进行描述。

我们这里只需要用到任务描述的 5W2H，用法如表 9-9 所示。

表 9-9　5W2H 模板

维度	具体信息
Why	为什么要做这件事？（原因和理由）
What	要做什么事情？（内容和目标）
Who	谁去做？谁负责？谁参与？向谁汇报？

（续）

维度	具体信息
When	什么流程/时候做？什么时候完成？
Where	在哪里（地点、条件、环境）做？
How	如何做？用什么方法？
How much	成本代价如何？要做到什么程度？

任务描述5W2H的案例（见表9-10）

应用场景：××××年9月15日，某项目到了快要交付验收阶段，网表需要做验证，这项工作需要项目组完成。

（1）对于该项工作任务分配的描述，选择任务描述的5W2H方法。

（2）使用任务描述的5W2H方法，收集信息。

（3）基于实际应用场景，根据信息的重要性、价值、沟通人等对信息进行收敛。

表9-10　5W2H案例

维度	问题	回答
Why	为什么要做这件事？（原因和理由）	做验证是为了检查连线是否出错
What	要做什么事情？（内容和目标）	搭建验证环境，完成仿真，保证仿真完成后网表没有问题
Who	谁去做？谁负责？谁参与？向谁汇报？	新员工小明负责整个验证仿真工作，验证SE、后端责任人参与，向设计组长汇报
When	什么流程/时候做？什么时候完成？	9月15日开始，10月15日完成
Where	在哪里（地点、条件、环境）做？	在深圳项目组集体办公环境中完成开发工作
How	如何做？用什么方法？	小明按照指导文档编写验证方案，待方案评审通过后，完成环境搭建、用例构造和仿真验证
How much	成本代价如何？要做到什么程度？	投入1人/月的开发量。保证仿真通过没有网表问题

绩效评估

按计划进行验证实施后,重新测量项目关键指标,确认目标是否达成。测量方法遵从和指标定义相同的规则。

若目标没达成,则需要重新明确问题所在,再次解决。创新不是一蹴而就的,再来一轮的情况常常会出现。尤其是到了二级、三级的工具,工具本身就会包括循环的步骤,比如杂化、金鱼法等。

实验设计(design of experiment,DOE)是一种安排实验和分析实验数据的数理统计方法。实验设计主要对实验进行合理安排,以较小的实验规模(实验次数)、较短的实验周期和较低的实验成本,获得理想的实验结果以及得出科学的结论。当创意实施过程中遇到需要将某个或某几个参数调整到最佳设定时,就可以考虑应用实验设计方法。业界的六西格玛书籍里都有对实验设计的详细介绍,在此就不详细展开。

小结

ARIZ-2017C 解题步骤包括四个阶段:问题调研、问题建模、创意发想、评估与实现。每个阶段都有推荐使用的一级工具。依次应用这些工具,把问题分析透彻,创意自然也就随之而来。

当然,对于某些已经很具体的问题,直接应用单个工具或者若干工具组合也可以得到创意,不需要生搬硬套整个流程。

第 10 章

软件领域TRIZ实践

TRIZ 起源于 1946 年，和世界上第一台电子计算机 ENAIC 的诞生是同一年。所以，早期 TRIZ 理论的基础都是偏硬件的内容，尤其是 39×39 矛盾矩阵的参数都是工程参数，给人一种"机械"的感觉。在当今社会，随着计算机的普及和 IT 技术的发展，软件已经越来越具有举足轻重的地位。如何应用 TRIZ 理论来解决软件领域遇到的难题，就日益成为摆在 TRIZ 专家们面前的一道槛。华为在过去几年的 TRIZ 应用中对此进行了探索，并总结出一个套路，还将其固化在 TRIZ 一级培训课程中。首先，TRIZ 理论的解题步骤是软、硬件通用的，可以直接继承。其次，TRIZ 工具集中有部分工具也是软、硬件通用的，比如最终理想解、根因分析、资源、九宫格、功能模型图等。这部分工具也可以直接继承过来使用。最后，针对 39×39 矛盾矩阵偏硬件的问题，我们引进了业界实践 24×24 软件矛盾矩阵及部分重新解读的 40 发明原则，从而圆满地解决了 TRIZ 在软件领域应用的难题。

软、硬件通用的解题步骤

国际 TRIZ 学会提供的 TRIZ 解题步骤 ARIZ-2017C 包括问题调研、问题建模、创意发想、评估与实现四个步骤，这四个步骤对于解决软件问题仍然是适用的。"问题调研"阶段的主要工作是明确项目目标和范围、分析根因、收集当前的资源等，为下一步"问题建模"做准备。这些工作在解决软件问题时一样要开展。"问题建模"阶段的主要工作是把问题结构化，识别其中的矛盾点。软件问题一样有自己的问题结构。软件系统、算法都可以用某种特定的逻辑来表达，将这个逻辑图形化就是"问题建模"阶段的主要工作。"创意发想"阶段针对前面识别的矛盾点逐个进行突破，软件问题可以应用 24×24 软件矛盾矩阵及部分重新解读的 40 发明原则来得到创意。在前面三个步骤中，无论何时想到了新的创意，都要及时记录下来。"评估与实现"就是对在前面三个步骤中得到的所有创意进行评估、验证和实施落地。

软、硬件通用的 TRIZ 工具

我们挑选了以下这些软、硬件都通用的 TRIZ 工具，作为 TRIZ 一级认证的要求。这样，无论是硬件工程师还是软件工程师，都可以参加 TRIZ 一级认证。

最终理想解

追求更高的理想性是 TRIZ 的核心理念之一。最终理想解是以终为始，直接从最理想的情况来寻求解决方案的一种思考方法。最理想的解可以想象为保留所有优点、系统没有变得更复杂、消除所有缺点，也没有引入新的缺点。即便最理想解当前无法达成，退一步的次理想解也许可以达成，或者再次。在从最理想解一路回退的过程中，自然摆脱原有的思维惯性，得到创意点子。

最终理想解方法通过依次回答以下七个问题来得到创意。一边逐步回答这些问题，一边思考是否有创意，有则随时记录下来。

Q1. 什么是系统的最终目的？

Q2. 什么是最终理想解？

Q3. 哪些事情阻止我们实现最终理想解？（达成理想解的障碍是什么？）

Q4. 这些事情如何阻止我们实现最终理想解？

Q5. 如何使前项"阻碍因素"消失？（不出现这障碍的条件是什么？）

Q6. 创造这些条件存在哪些可用资源？

Q7. 是否已有其他产业或研究能解决此"阻碍因素"？

从这些问题来看，其实软件问题一样可以逐个进行回答，一边回答问题一边得到创意。

根因分析

5Why 法是根因分析的一种方法，通过多问几个为什么来找到所有可能的原因，然后再聚焦关键的根因采取对策。软件问题和硬件问题一样涉及根因分析，也同样可以应用 5Why 法来找到所有可能的原因和关键的根因，最终形成一个树状结构的"根因树"。TRIZ 里对 5Why 的用法是对"根因树"上的每个节点进行思考："我能不能用它来解决问题？"有创意就随时记录下来。只要有了"根因树"，软件问题一样可以得到创意。

资源

善用资源也是 TRIZ 的核心理念之一，达到更高的理想性的关键是充分利用系统内外部可用的资源。通常我们从物质、场、功能、空间、时间、信息等维度来寻找资源。除了直接应用的资源，还要考虑转化后的导出资源，以及整合多个资源形成的差动资源。在解决软件问题时，如果不是纯软件，通常都可以沿用这几个维度来寻找资源。即便是纯软件，除了场资源，其余几类也都可以找到对应的资源。比如一个函数就可以当作一种物质，它可能在某个时间段产生作用，提供某种特定的功能，接收入参信息，输出出参信息，其作用域对应某种空间资源。最后，本着"能不能把现有资源开发出新用途"的理念去寻找软件系统内外部的资源，往往都会有意外收获。

九宫格

九宫格方法是 TRIZ 里面常用的思考方法，通过对超系统、系统、子系统及其每一个的过去、现在、未来总共九个维度的思考，跳出思维惯性，得到创意点子。九宫格的使用步骤如下。

步骤 1：写下需要解决的问题，在"现在的系统"里写下和问题相关的系统。

步骤 2：在九个格子里分别写下组件、资源、参数、现象、原因等和问题相关的元素。

步骤 3：针对以上列出的每个元素，思考能否用于解决问题。如果产生了创意，则记录下来。

从以上步骤来看，九宫格其实是一个通用的工具，不仅是软、硬件通用，甚至在处理管理问题、日常工作、生活问题时都可以应用。

功能模型图

功能模型图是在"问题建模"阶段使用的主要工具。通过绘制功能模型图，我们可以得到问题的逻辑结构以及矛盾点。在画功能模型图时，通常会对每一个节点问四个问题："我产生了谁？""我阻碍了谁？""谁产生了我？""谁阻碍了我？"。在回答这些问题的同时，将逻辑节点补齐，并用箭头指出因果关系，就可以得到一张完整的功能模型图。在功能模型图上，如果一个节点既产生了有用的结果，又产生了有害的结果，那就说明这里存在一个矛盾。找到矛盾点就意味着找到了突破口，后续可以用矛盾矩阵和发明原则来解决矛盾。当然，有时候直接聚焦矛盾点，思考如何"消除"矛盾也可以得到创意。

人脑的神经网络就是一个单向传递信号的因果网络，和功能模型图的单向因果逻辑结构非常相似。所以，只要是人脑能"处理"的问题，都可以用功能模型图来描述，软件问题自然也不例外。

举一个用功能模型图解决软件问题的案例。

原始问题：需要从网络数据中识别出特定类型的数据，目前的识别准确率不高。画出的功能模型图如图 10-1 所示。

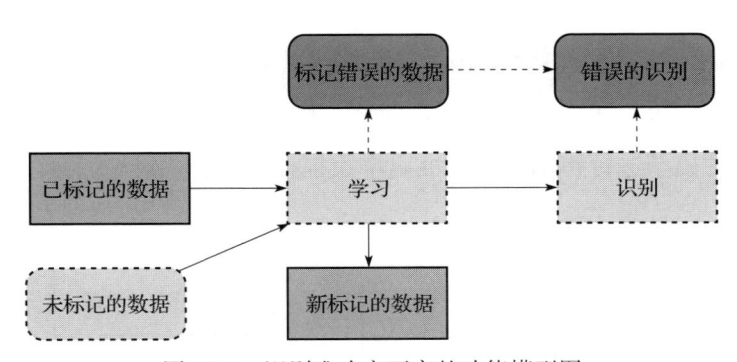

图 10-1 识别准确率不高的功能模型图

利用 IWB 软件查到算子：找一个新的或有用的用途（Find a new or useful application）。

如果不能去除一种物质（比如会污染环境的物质），可以尝试再利用或者找到它的一个有用的用途。

该算子关联的案例如下。

利用太阳能的模块化抽水站（见图 10-2），是一种利用太阳能获取动力的抽水站。太阳能模块包含几千个玻璃管，玻璃管底部覆盖着反光片，反光片形成一个凹面镜，把太阳光聚在一起，加热玻璃管内的氟利昂，使其蒸发。氟利昂蒸汽驱动涡轮进行抽水。冷却后的氟利昂进入冷凝器，变成液态并回到玻璃管里。

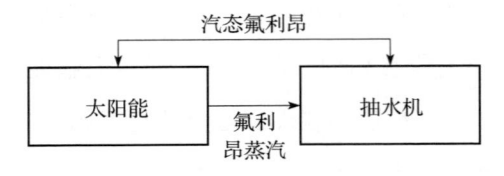

图 10-2　利用太阳能的模块化抽水站

类比思考得到创意（见图 10-3）：初始化时有一部分数据是已标记的，第一次迭代后，会产生新标记的样本；第二次迭代时就把第一次产生的新标记样本和初始化已标记样本一起当作本次迭代的已标记样本；依此类推，第三次再增加第二次的新标记样本。这样循环迭代数次后使用最终的模型进行识别，识别准确率大幅提升。

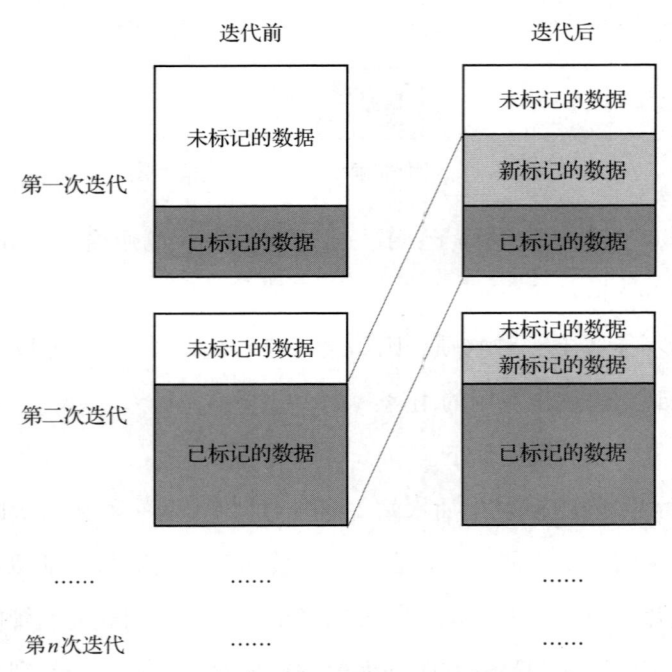

图 10-3　迭代使用数据的创意

24×24 软件矛盾矩阵

软件 TRIZ 项目和硬件 TRIZ 项目唯一的不同就在于矛盾矩阵。原来 39×39 矛盾矩阵的参数（见图 7-2）对软件工程师来说确实不太友好。

为此，我们引进了 24×24 软件矛盾矩阵，并在华为的软件 TRIZ 项目实践中实证可行。软件矛盾矩阵的参数如表 10-1 所示。

表 10-1　24 个软件工程参数

1. 适应性（Adaptability）	13. 可维护性（Maintainability）
2. 控制复杂性（Complexity of control）	14. 存储空间使用量（Memory consumption）
3. 系统复杂性（Complexity of system）	15. 性能（Performance）
4. 硬件成本（Cost of hardware）	16. 服务质量（Quality of service）
5. 数据获取（Data access）	17. 支持的系统与设备（Range of supported systems and devices）
6. 数据完整性（Data integrity）	18. 可靠性（Reliability）
7. 数据量（Data volume）	19. 资源消耗（Resource consumption）
8. 易用性（Ease of use）	20. 安全性（Security）
9. 弹性（Flexibility）	21. 数据处理速度（Speed of data access）
10. 数据使用率（Intensity of data use）	22. 吞吐量（Throughput）
11. 数据损耗（Loss of data）	23. 非数字资源的使用（Use of no digital resources）
12. 时间损耗（Loss of time）	24. 用户容量（User capacity）

这些参数对于软件工程师就更友好了。同时，部分发明原则也有了新的解读。

8. 补偿（Compensation）：将不良物体与执行相反作用的物体组合，或使不良物体与环境产生相互作用，以弥补不良物体的作用。

14. 环形结构（Circularity）：用环形结构代替直线结构。

18. 随机化（Randomization）：对进程或数据进行随机化处理。

28. 改变相互作用类型（Change type of interaction）：a）改变物体间的相互作用类型；b）用动态关系代替静态关系，用结构化数据代替非结构化数据。

29. 改变自由度（Change the degree of freedom）：改变物体的自由度。

31. 漏洞（Holes）：a）在物体内增加孔洞；b）利用已有的孔洞。

32. 改变数据呈现形式（Data presentation change）：改变数据呈现形式，以实现最高效的数据处理。

35. 改变参数（Parameter changes）：a）改变物体的状态（如静态、动态等）；b）改变数据格式；c）改变柔性。

36. 相变（Phase transition）：利用相变过程中发生的现象（如数据量的变化）。

37. 按需扩展（On-demand expansion）：a）对资源进行按需扩展；b）如果已经使用了按需扩展，则对不同部分进行不同程度的扩展。

38. 主动对象（Active objects）：使用能够提供比现有互动更密集的互动的对象。

24×24 软件矛盾矩阵及 40 个软件发明原则的详细介绍可以在艾萨克·布柯曼的著作 *Technology for Innovation* 一书中找到。和查询 39×39 矛盾矩阵一样，选择改善的参数和恶化的参数，就可以查到推荐的软件发明原则。

我们有一个员工用 24×24 软件矛盾矩阵产生的点子，其效果和马斯克的龙飞船有异曲同工之妙。我们这个设备比较高端，对可靠性要求特别高，原来一直用的是 Nor Flash（Nor 闪存），不容易失效。后来，这个 Nor Flash 就不让用了，只能用可靠性比较差的 Nand Flash（Nand 闪存）。怎么能把这种低规格的物料用在高端设备上呢？万一坏了怎么办？好在 Nand Flash 便宜很多，替换了以后存储空间会大幅提升。于是，这名员工提炼出矛盾描述："我想通过 Nand Flash 代替 Nor Flash，这样存储空间会得到改善；但是我不能，因为这样会使可靠性变差（恶化）。"查询改善的参数"14. 存储空间使用量"和恶化的参数"18. 可靠性"，得到发明原则"26. 复制"和"3. 局部特性/品质"。当他看到"复制"时，就想到了一个点子。这个 Nand Flash 比 Nor Flash 便宜很多，可以多用一点，然后把程序复制许多份，只要有一份能工作，系统就可以正常工作了。当然，这里还有一个细节，就是 Nand Flash 内部也是有可靠性分级的，厂家会把可靠性最好的一个区块单独划出来，称为无损区，这部分区域的可靠性是高的，可以用来存储最重要的引导程序。然后，再把其余的启动包程序存储在普通的 Nand Flash 里，并且复制许多份。在启动时，先运行引导程序，然后再调用启动包，如果一个启动包失效了，可以调下一个，总共 8 个启动包，总有一个能启动成功。成功启动后，再及时把失效的启动包重新刷新成可用的状态。这样就保证了下次启动时 8 个启动包理论上都是可用的，只要闪存还没有全部失效就总有一个是可用的。这个思路和马斯克解决龙飞船的思路基本上是一致的。马斯克用了 3 颗普通的 x86 芯片代替昂贵的宇航级芯片，使龙飞船的成本降为原来的 1/5 384。宇航级芯片是可以抗宇宙射线的辐射的，但是 x86 芯片不可以。飞船上到太空后，就完全暴露在宇宙射线的辐射下，很容易就把 x86 芯片的某一个比特位给改写，造成运算错误。飞船的控制器发生运算错误那可不得了，飞船很可能直接就掉下来了。为了解决这个问题，马斯克用 3 颗芯片，6 个核来校验。6 个核同时计算同一件事情，只要 6 个核的结果都一致，说明没有发生比特位翻转。如果有一个核和其他核的计算结果不一致，就说明这个核发生了比特位翻转，计算结果就被抛弃，系统采用其他 5 个核的计算结果。这样，就有一个投票机制，少数服从多数，解决了 x86 的可靠性问题，龙飞船就成功发射了。马斯克很聪明，他想到了这个方案；而我们的员工就是个普通人，通过 TRIZ 方法，也想到了类似的方案。这就是 TRIZ 的魅力。

虽然我们把 TRIZ 工具集适配成了软件工程师容易接受的形式，以便 TRIZ 方法的普及。但是，TRIZ 理论的精髓就是跨界创新。从这一点来说，即便是软件工程师，通过硬件的案例也未尝不能产生好的创意。只要经过一段时间的 TRIZ 训练，心态上接受了跨界创新的理念，越是跨界的东西其实越能激发新的创意。

小结

ARIZ-2017C 版 TRIZ 解题步骤包括问题调研、问题建模、创意发想、评估与实现四个步骤，这四个步骤对于解决软件问题仍然是适用的。VOC、IFR、根因分析、资源、九宫格、功能模型图、24×24 软件矛盾矩阵、40 发明原则、努力—影响矩阵、普氏矩阵，这些 TRIZ 一级工具都是验证过可以用于解决软件问题的。

但是也要看到，软件领域的 TRIZ 应用尚处于探索阶段，我们的实践也仅仅是一个有益的开始。欢迎更多的 TRIZ 爱好者加入这个领域，积极探索软件问题的 TRIZ 解法，贡献更多实践。

第11章
TRIZ数字化

在当今的数字世界里，TRIZ 方法的普及离不开数字化手段。所以，我们开发了 TRIZ.huawei.com 这个 TRIZ 数字化平台。目前主要是对内使用，未来也可以考虑对外开放。在这个平台里，除了基本的 TRIZ 项目管理、人员认证等功能，我们还把各个 TRIZ 工具都建立了数字化模型，使创意产生的效率大幅提升。

首先，平台集成了 TRIZ 解题步骤，包括问题调研、问题建模、创意发想、评估与实现四个步骤。每个步骤下面还推荐了常用的 TRIZ 工具。员工可以在这个工具地图里选用合适的工具，也可以清楚地了解到自己和认证标准之间的差距。当所有的工具都掌握了以后，就可以申请认证了。TRIZ 一级工具的清单如图 11-1 所示。

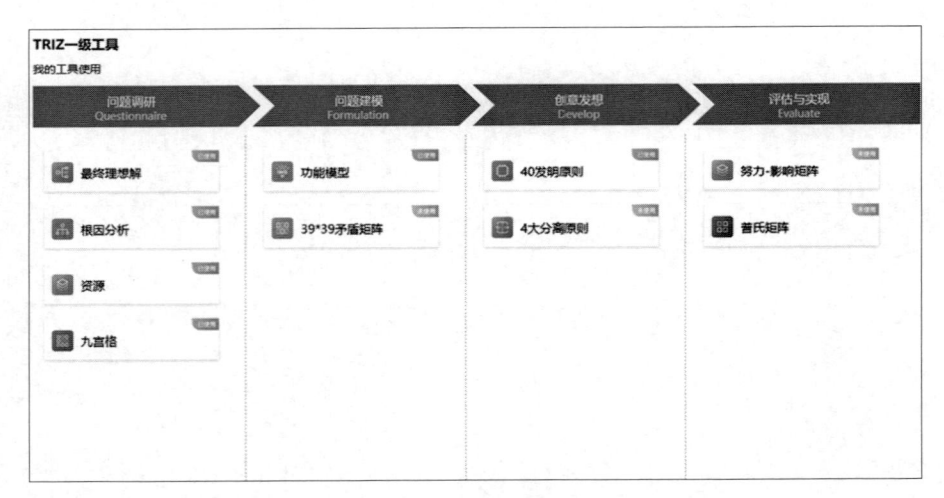

图 11-1　TRIZ 一级工具集

下面对每个 TRIZ 一级工具进行逐一介绍。

最终理想解

最终理想解的七个步骤需要依次完成。从 Q1 开始填写。在 Q1

需要填写项目目标，一般的情况下会写成"××指标从××提升至××"。填好后点 Q1 下面的"＋"号，就可以创建 Q2 的理想解。点一次"＋"号创建一个理想解。理想解的排序为自上而下理想性依次降低，通过数字来标识。如图 11-2 所示，最顶部为最终理想解，标识为"IFR Level0"，往下依次为"IFR Level1""IFR Level2"……需要调整理想解顺序的时候，在理想解编辑界面手动改变"IFR Level"即可。Q2 的理想解完成后，选择一个本次项目需要突破的理想解，点击对应的"＋"号，就可以创建 Q3。同样的，点一次"＋"号创建一个 Q3 的分支。在若干个 Q3 的分支中选择需要进一步展开的分支，左键单击该分支，勾选"关联为创新方向"，点击确认，就会出现"＋"号，点击这个"＋"号就可以创建 Q4。填好 Q4，点 Q4 的"＋"号就可以创建 Q5。Q5、Q6、Q7 的操作和 Q4 都是一样的。并且，Q2、Q4、Q5、Q6、Q7 的灰框都是可编辑的，在编辑界面的最下面就可以"记点子"。输入点子内容，点击"发布"，就能看到灰框上面多出一个气球，气球上面的编号代表从这个灰框里总共产生了多少个点子。

图 11-2　最终理想解界面

根因分析

如图 11-3 所示，根因分析的界面和最终理想解类似，但是操作更简单。创建根因分析的时候，需要关联一个创新方向，通常会选择一个最终理想解 Q3 的创新方向。每点一次"＋"号就可以创建一个子节点，根因的层级可以依需要添加，足以满足复杂问题的根因分析需要。每个灰框的编辑界面都可以"记点子"，记录点子的灰框上面会出现显示点子个数的气球。

问题	第一层	第二层	第三层	第四层	第五层	●新增层级
IFR-Q3-脏东西会粘在衣服上	脏东西和衣服纤维之间有个结合力					

图 11-3　根因分析界面

资源

资源的界面就是一个表格。创建资源的时候，需要关联一个创新方向，通常也会选择一个最终理想解 Q3 的创新方向。可以根据表格的提示，分别从物质、场、功能、空间、时间、信息六个维度填写发现的资源项。然后，再根据找到的资源项逐一运用"内求"来想点子，并将产生的点子记录在对应的资源项上。记录了点子的资源项上面会出现显示点子个数的气球（见图 11-4）。

九宫格

九宫格的界面和资源类似，只是将表格换成了 3×3 的九个格子（见图 11-5）。创建九宫格的时候，需要关联一个创新方向，通常也会选择一个最终理想解 Q3 的创新方向。可以在这九个格子里填写发现的现象、原因、资源、部件等任何你找到的关键词，然后再把从这个关键词发想到的点子记录在这个关键词上。记录了点子的关键词上面会出现显示点子数量的气球。记录关键词时，只需要点击对应格子里的"+"号即可。如果关键词太多，还可以点击格子右上角的放大镜，把格子放大成全屏。如果超过一屏，页面还可以滚动，保证能放下你能发现的所有关键词。

资源	点子列表（1）
资源类型	资源项
物质	船　水手　燃油　海水　风　+
场	机械场　热场　+
功能	水泵　+
空间	空中　海面　水下　+
时间	结冰前　结冰中　结冰后　+
信息	水温　气温　+

图 11-4　资源界面

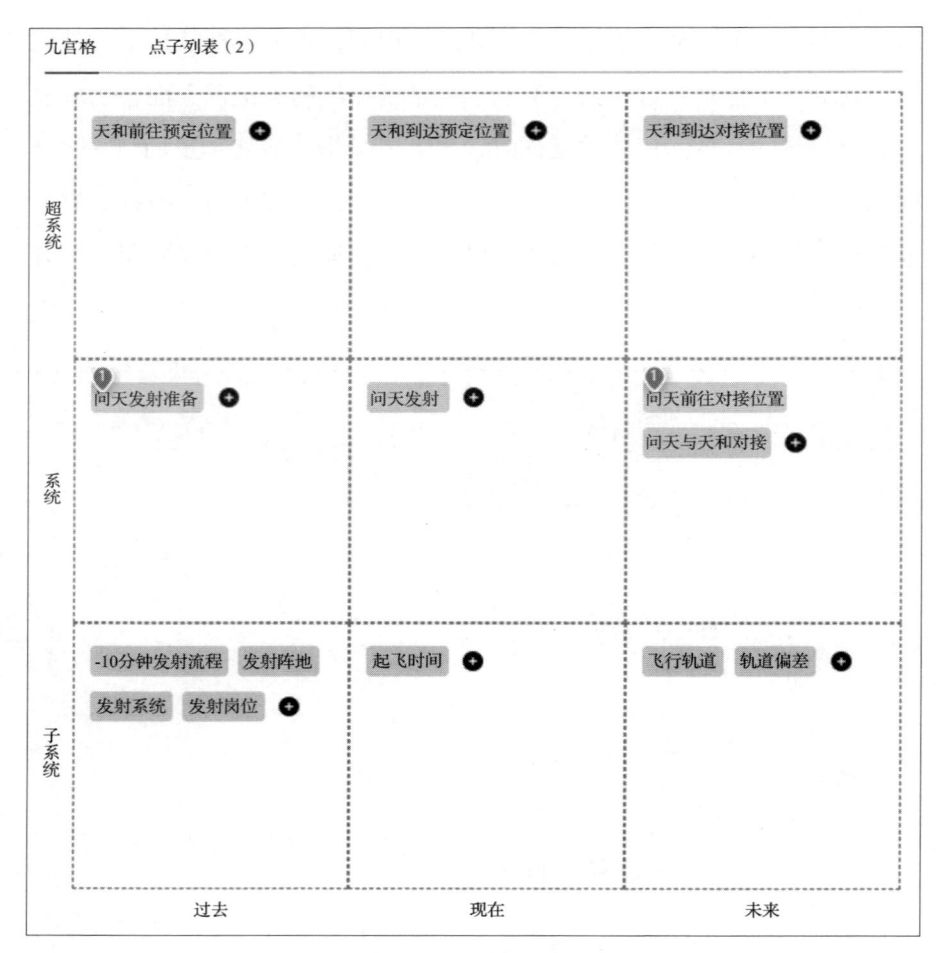

九宫格	点子列表（2）	
天和前往预定位置	天和到达预定位置	天和到达对接位置
问天发射准备	问天发射	问天前往对接位置 问天与天和对接
-10分钟发射流程　发射阵地 发射系统　发射岗位	起飞时间	飞行轨道　轨道偏差

超系统　系统　子系统

过去　　　　现在　　　　未来

图 11-5　九宫格界面

功能模型图

　　功能模型图可以通过 IWB 软件来画，平台支持 IWB 输出的 ips 格式文件读取。

39×39 矛盾矩阵

应用矛盾矩阵前，需要先提炼技术矛盾。如图 11-6 所示，平台提供了技术矛盾的描述模板，方便根据模板进行技术矛盾描述。

我想做 买套大别墅   ，以使得

　我的居住环境   得到改善；但是我不能，因为这样

会使得 我的经济状况   恶化。

图 11-6　技术矛盾描述模板

然后，再提炼出改善的参数和恶化的参数，进行矛盾矩阵查询。如图 11-7 所示，选择"改善的通用工程参数"和"恶化的通用工程参数"，矛盾矩阵推荐的发明原则就会显示在下面界面上。

39*39矛盾矩阵　　　点子列表0

改善的通用工程参数	12.形状	恶化的通用工程参数	8.静止物体的体积

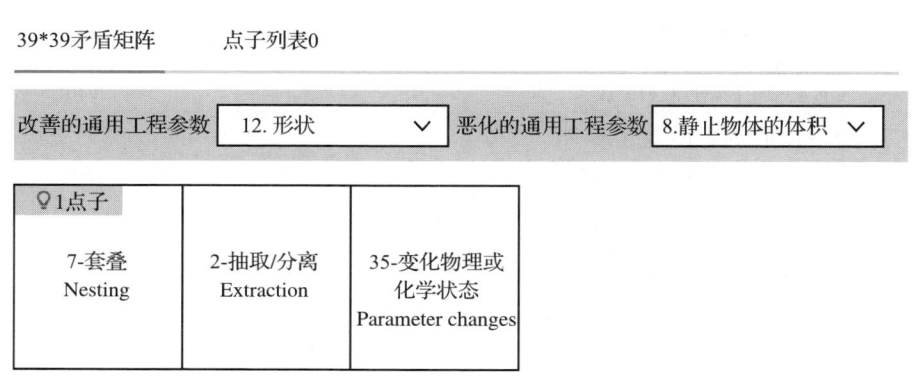

♀1点子		
7-套叠 Nesting	2-抽取/分离 Extraction	35-变化物理或化学状态 Parameter changes

图 11-7　矛盾矩阵查询界面

点击相应的发明原则，就可以看到该发明原则的说明，并可直接在上面"记点子"。记录了点子的发明原则上面会显示带有点子数量的气球。

40 发明原则

有时候，你需要直接查询 40 发明原则，就可以从这个入口直接进入 40 发明原则列表。

四大分离原则

应用四大分离原则之前，需要先定义物理矛盾。如图 11-8 所示，平台提供了提炼物理矛盾的模板，根据模板逐步填写，就可以提炼出物理矛盾。

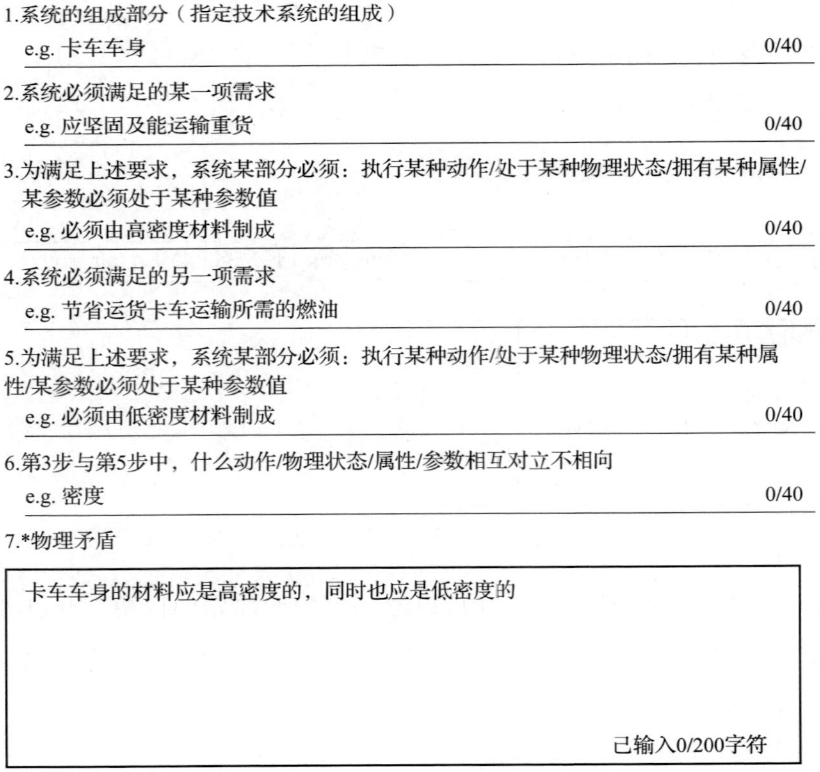

1.系统的组成部分（指定技术系统的组成）
　　e.g. 卡车车身　　　　　　　　　　　　　　　　　　　　　0/40

2.系统必须满足的某一项需求
　　e.g. 应坚固及能运输重货　　　　　　　　　　　　　　　　0/40

3.为满足上述要求，系统某部分必须：执行某种动作/处于某种物理状态/拥有某种属性/某参数必须处于某种参数值
　　e.g. 必须由高密度材料制成　　　　　　　　　　　　　　　0/40

4.系统必须满足的另一项需求
　　e.g. 节省运货卡车运输所需的燃油　　　　　　　　　　　　0/40

5.为满足上述要求，系统某部分必须：执行某种动作/处于某种物理状态/拥有某种属性/某参数必须处于某种参数值
　　e.g. 必须由低密度材料制成　　　　　　　　　　　　　　　0/40

6.第3步与第5步中，什么动作/物理状态/属性/参数相互对立不相向
　　e.g. 密度　　　　　　　　　　　　　　　　　　　　　　　0/40

7.*物理矛盾

卡车车身的材料应是高密度的，同时也应是低密度的

已输入0/200字符

图 11-8　物理矛盾界面

然后再应用四大分离原则想点子（见图 11-9），解决这个物理矛盾。

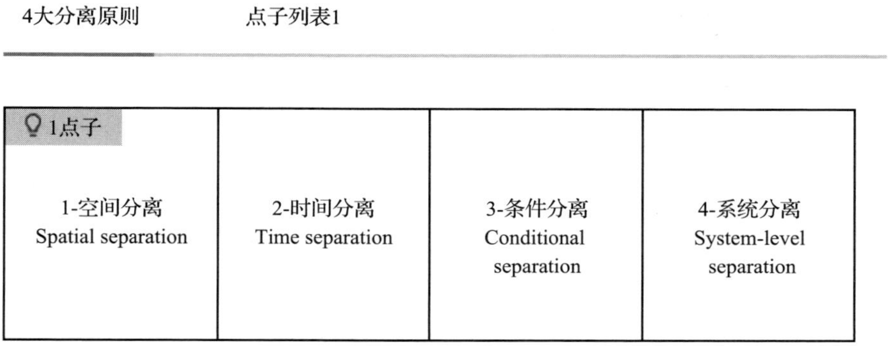

4大分离原则	点子列表1

♀ 1点子			
1-空间分离 Spatial separation	2-时间分离 Time separation	3-条件分离 Conditional separation	4-系统分离 System-level separation

图 11-9　四大分离原则界面

点击其中的分离原则，就可以看到该分离原则的说明，并直接在上面"记点子"。记录了点子的分离原则上面会显示带有点子数量的气球。

小结

这些 TRIZ 数字化工具降低了 TRIZ 方法的学习和使用门槛，促进了更多创意的产生。更重要的是，数字化手段让我们更方便地随时随地"记点子"，使创意不再流失，成为组织资产。创新往往从一个金点子开始，当一个组织拥有了源源不断的创意，取得创新成果也就指日可待了。对于员工来说，数字化手段提供了原创的证据，是荣誉的记录。这份荣誉比物质激励更能激发全体员工不断探索未知的领域，让技术突破、解决难题从偶然走向必然。

致谢

在诸多良师益友的帮助下，我完成了本书的写作。在此谨向所有关心、支持华为 TRIZ 应用的热心人致以衷心的感谢！

首先要感谢我的 TRIZ 导师们：国际 TRIZ 学会创始人、TRIZ 大师鲍里斯·斯洛提先生，国际 TRIZ 学会创始人、TRIZ 大师阿拉·祖斯曼女士，国际 TRIZ 学会现任主席、TRIZ 大师瓦列里·普鲁申斯基先生，国际 TRIZ 学会副主席、TRIZ 大师姜台林博士。大师们的智慧带领我们走出了一条正确的 TRIZ 之路，才有这些创新成果的涌现。

再者，感谢华为公司董事、质量与流程 IT 部总裁陶景文先生和公司质量部部长周智勇先生。在他们的倡导下，TRIZ 协会得以成立，有力地推动了 TRIZ 在华为的普及。同时，也是在他们的支持下，TRIZ 数字化平台得以实现，才有了本书的第 11 章。

在华为，有这么一群 TRIZ 爱好者。他们主动学习 TRIZ，积极在业务中进行实践，并带动周边的同事一起学习 TRIZ。TRIZ 在华为的普及离不开他们的实践活动，也感谢他们为本书提供了丰富的实践案例：岳晓贫团队贡献了软件 TRIZ 案例；王建侠团队提供了资源分析案例；王伟锋团队提供了矛盾矩阵案例；方光祥团队提供了九宫格案例；赵天武博士和刘学伟一起参与了"如何在软件领域应用 TRIZ"课题的调研和探索。

特别感谢 TRIZ 大师艾萨克·布柯曼先生，他的 *Technology for Innovation* 提供了 24×24 软件矛盾矩阵。

最后，十分感谢家人们的默默支持。要感谢的人还有很多，无法一一列出，在此一并向他们致以诚挚的感谢！

徐臻

参考文献

［1］ NEWTON I.Mathematical principles of natural philosophy［M］. New York: Daniel Adee, 1846.

［2］ 阿奇舒勒. 哇……发明家诞生了：TRIZ创造性解决问题的理论和方法［M］. 范怡红，黄玉霖，译. 成都：西南交通大学出版社，2004.

［3］ 阿奇舒勒. 创新40法：TRIZ创造性解决技术问题的诀窍［M］. 黄玉霖，范怡红，译. 成都：西南交通大学出版社，2004.

［4］ 阿奇舒勒. 创新算法：TRIZ、系统创新和技术创造力［M］. 谭培波，茹海燕，BABBITT W，译. 武汉：华中科技大学出版社，2008.

［5］ ZLOTIN B, ZUSMAN A.I-TRIZ practitioner program three-day course［Z］. Detroit: Ideation International, 2004.

［6］ BUKHMAN I.Technology for innovation［M］. Singapore: Springer, 2021.

［7］ 萨拉马托夫. 怎样成为发明家：50小时学创造［M］. 王子羲，译. 北京：北京理工大学出版社，2006.

［8］ 坎德尔，施瓦茨，杰塞尔，等. 神经科学原理：英文版·原书第5版［M］. 北京：机械工业出版社，2013.

［9］ BADDELEY A.Working memory, thought,and action［M］. Oxford: Oxford University Press, 2007.

［10］ BADDELEY A. Working memories: postmen, divers and the cognitive revolution［M］. London:Routledge, 2018.

[11] STUSS D T, KNIGHT R T.Principles of frontal lobe function［M］. Oxford:Oxford University Press,2013.

[12] 斯维物特．学习和记忆机制［M］．北京：科学出版社，2012．

[13] 尼克尔斯，等．神经生物学：从神经元到脑［M］．杨雄里，等译．北京：科学出版社，2003．

[14] EAGLEMAN D.The brain［M］. Edinburgh: Canongate, 2016.

[15] 罗斯．大脑的未来：神经科学的愿景与隐忧［M］．尚春峰，许多，译．北京：科学出版社，2016．

[16] 乌泽尔．最强大脑：为什么人类比其他物种更聪明［M］．缪文，译．北京：中信出版社，2016．

[17] 谢伯让．大脑简史：生物经过四十亿年的演化，大脑是否已经超脱自私基因的掌控?［M］．台北：猫头鹰出版社，2016．

[18] 怀特．牛顿传［M］．陈可岗，译．北京：中信出版集团股份有限公司，2020．

[19] 福布斯，马洪．法拉第、麦克斯韦和电磁场：改变物理学的人［M］．宋峰，宋婧涵，杨嘉，译．北京：机械工业出版社，2020．

[20] 索尼，古德曼．香农传：从0到1开创信息时代［M］．杨晔，译．北京：中信出版集团股份有限公司，2019．

[21] 卡尔森．特斯拉：电气时代的开创者［M］．王国良，译．北京：人民邮电出版社，2016．

[22] 格特纳．贝尔实验室与美国革新大时代［M］．王勇，译．北京：中信出版集团股份有限公司，2016．

[23] 约翰逊．伟大创意的诞生［M］．盛杨燕，译．杭州：浙江科学技术出版社，2023．

[24] 约翰逊．我们如何走到今天：重塑世界的6项创新［M］．秦启越，译．北京：中信出版集团股份有限公司，2016．

[25] 万斯．硅谷钢铁侠［M］．周恒星，译．北京：中信出版集团股份有

限公司，2016.

[26] 克莱默. 绝境：滨鹬与鲎的史诗旅程［M］. 施雨洁，译. 北京：商务印书馆，2020.

[27] 埃默里. 鸟的大脑：鸟类智商的探秘之旅［M］. 刘思巧，译. 北京：商务印书馆，2020.

[28] 德瓦尔. 黑猩猩的政治：猿类社会中的权力与性［M］. 赵芊里，译. 上海：上海译文出版社，2009.

[29] 德瓦尔. 万智有灵：超出想象的动物智慧［M］. 严青，译. 长沙：湖南科学技术出版社，2019.

[30] 伽莫夫. 从一到无穷大：科学中的事实和臆测［M］. 暴永宁，译. 北京：科学出版社，2002.

[31] 吴军. 全球科技通史［M］. 北京：中信出版集团股份有限公司，2019.

[32]《环球科学》杂志社，等. 不可思议的科技史：《科学美国人》记录的400个精彩瞬间［M］. 北京：外语教学与研究出版社，2016.

[33] 申斯乐. 微生物学之父：巴斯德［M］. 长春：吉林人民出版社，2011.

[34] 砺剑. 周建民：为武器丈量精度［OL］. 北京：央视网，2022. https://tv.cctv.com/2022/08/18/VIDEylxg9lHYplUjXSltxxxL220818.shtml.

[35] 陈昀. 文物见证抗疫史［N］. 人民日报海外版，2020-04-28(9). https://paper.people.com.cn/rmrbhwb/html/2020-04/28/content_1984093.htm.